KB138493

건축은
어떻게

전쟁을
기억하는가

건축은 어떻게 전쟁을 기억하는가

에펠탑에서 콜로세움까지

이상미 지음

인물과
사상사

건축은 전쟁의 생존자

현존하는 가장 오래된 서양의 건축 이론서로 『건축 10서』라는 책이 있습니다. 이 책의 저자인 로마의 비트루비우스Vitruvius(기원전 81~기원전 15)는 포병 장교 출신입니다. 이 이론서는 황제에게 바치는 일종의 건축 교과서였는데, 현재까지도 서양 건축사에서 매우 큰 영향력을 발휘하는 문헌 중 하나로 평가받습니다. 포병 출신 군인이 건축에 관한 책을 내고 그 책이 가장 위대한 건축 문헌으로 손꼽히는 걸 보면, 건축물과 전쟁사의 연관성은 매우 크다는 걸 알 수 있습니다.

　전쟁은 인간의 생명을 빼앗고, 무언가를 부수고 파괴합니다. 전쟁에서 필수적인 성이나 요새 같은 건축물은 적군에게서 아군을 보호하는 역할을 하지만, 때로는 더 많은 사람의 생명을 빼앗기도 합니다. 이 과정에서 사람들만 죽어가는 것이 아니라 건축물도 파괴당하고, 때로는 전부 부서져 없어지기도 합니다. 한편 전쟁은 건축물을 부수지만 새로 만들기도 합니다. 인류는 건축물을 통해서 승전의 영광을 쌓거나, 패전의 아픔과 희생된 이들의 넋을 기립니다. 전쟁을 일으킨 인간은 사라지지만 건축물은 남아서 전쟁사를 이야기하는 이유입니다.

그래서 전쟁은 '파괴'와 '창조'라는 측면을 모두 가진 두 얼굴의 역사입니다. 그 파괴의 역사에서 굳건히 살아남은 건축물은 '생존자'로 마땅히 불려야 합니다. 건축물을 사람처럼 살아 있는 존재로 비추어보는 이 책을 통해 우리는 단순히 지식과 정보를 받아들이는 데 그치지 않습니다. 전쟁이 인류의 역사에 어떠한 영향을 끼쳤는지를 깨닫게 되기 때문입니다. 전쟁을 일으킨 지도자나 장군은 사라지지만, 건축물은 온전히 살아남아 역사를 증명합니다. 그리하여 건축을 '전쟁의 증언자'로 보자는 것이 이 책이 전하고자 하는 핵심적인 메시지입니다.

사실 전쟁을 소개하는 책은 많습니다. 또 건축물을 소개하는 책도 많습니다. 그러나 건축물을 통해 전쟁사를 이야기하는 책은 찾기 어렵습니다. 4차 산업혁명 시대를 맞아 각종 분야에서 융·복합이 이루어지고 있습니다. 건축과 전쟁이 만나면, 고대부터 현재까지 인류가 살아온 역사를 조금 더 쉽게 조망할 수 있지 않을까요?

이 책에서는 문화예술의 보고인 유럽의 건축물을 전쟁과 엮어 장엄하면서도 웅장하고, 때로는 가슴 아프기도 한 이야기를 풀어내고자 합니다. 프랑스의 에펠탑, 독일의 브란덴부르크문, 영국의 런던탑, 이탈리아의 콜로세움, 러시아의 크렘린궁전 등 주요 건축물 28개에 담긴 전쟁사를 둘러볼 것입니다.

이 책을 통해 그저 유명 관광지이거나 여행 장소로만 알고 있었던 건축물들이 어떻게 전쟁을 견디고 살아남았는지를 현미경처럼 분석하는 한편, 메스를 들이대듯 날카로운 시선으로 전쟁사를 전하고자 합니다. 나무와 돌로 지어졌지만 이 같은 재료에 생명을 불어넣는 예술가의 창조적인 관점에서, 마치 건축물이 살아 있는 것처럼 새롭게 해석한 이야기를 들려드리고 싶습니다. 이 책에 나오는 각각의 건축물은 전쟁에서 이기고 견디며 살아낸 생명체이기도 합니다. 그러한 여러 건축물이 모여 전쟁으로 점철된 인류의 역사를 되돌아보는 계기를 마련해준다고 생각합니다.

4차 산업혁명의 시대를 맞아 인공지능과의 대결에서 인류가 어떻게 살아남아야 하는지를, 전쟁이라는 극한 상황을 견뎌낸 건축물을 통해 모색해볼 수도 있습니다. 인간의 수명은 길어야 100년에 불과하지만, 건축물은 1,000년 이상 살아남습니다. 전쟁에서 생존한 건축물을 말하는 이 책이 오늘날 우리가 부딪혀야 할 수많은 난관을 극복하는 나침반이 되어주길 바라봅니다.

이 책은 2019년 7월부터 2020년 12월까지 『국방일보』에 「건축, 전쟁사를 말하다」라는 제목으로 실린 연재물을 바탕으로 했습니다. 매번 한 건축물을 소재로 그에 담긴 전쟁의 역사를 흥미진진하게 풀어내 교훈을 얻을 수 있는 내용이었습니다. 이 책에서는 당시 지면상의 제약으로 지나치게 축약하거나 충분히 배경을 설명하지 못했던 부분을 집중적으로 보강해, 독자들이 이해하기

쉽고 재미있게 읽을 수 있도록 하는 데 주력했습니다.

1년 6개월에 달하는 기간 동안 매주 칼럼을 기고하면서 인류의 문화유산인 건축물들을 끊임없이 연구하고 분석했습니다. 프랑스, 영국, 독일, 이탈리아, 러시아와 같은 유럽 국가에 세워지고 전쟁에서도 굳건히 살아남은 건축물이 어떤 역할을 하는지를 스스로 깊게 생각해보게 되었습니다. 그리고 이 책은 그러한 사유가 모인 결과물이기도 합니다. 독자 여러분이 제가 생각하고 느낀 감동과 감흥에 공감한다면 저자로서 더할 나위 없이 기쁠 것입니다.

칼럼을 쓸 때마다 제겐 전쟁을 공부하는 시간이었습니다. 더불어 건축물로 전쟁을 풀어내야 했기에, 전쟁사가 얽힌 건축물을 찾는 데도 시간이 제법 걸렸습니다. 전쟁에서 살아남은 건축물에 대해 온 마음을 담아 글을 쓰고자 했습니다. 매번 새벽이 되어서야 마감이 끝났습니다. 최승희 기자님을 비롯해『국방일보』편집부에 고마움을 전합니다. 무엇보다 연재물이 온전히 한 권의 책으로 만들어질 수 있도록 혼신의 힘을 기울여주신 이상아트의 박창환 팀장과 정지현 주임, 그리고 인물과사상사 식구들에게도 무한한 감사를 전합니다.

차 례

2장 · 독일

전쟁이 우리에게 남긴 것들

1장

프랑스

낭만의 나라에
숨겨진
전쟁 이야기

히틀러도 정복하지 못한
파리의 상징

―――――――――――――――★ 에펠탑 ★―――――――――――――――

미국 뉴욕에 세운 '자유의 여신상'의 골격을 설계한 프랑스의 유
명 건축가 귀스타브 에펠Gustave Eiffel, 1832~1923을 아는가? 프랑스
하면 생각나는 '에펠탑'이 바로 이 건축가의 이름에서 유래했다.
에펠탑은 현재 프랑스에서 가장 중요한 명소로 꼽히며, 이곳에서
는 프랑스혁명 기념일인 7월 14일마다 가장 큰 축제를 연다. 이날
많은 사람은 명당자리를 차지하려고 에펠탑 근처에서 와인을 마
시며 오랫동안 축제가 시작되길 기다린다.

낮에는 샹젤리제 거리에서 군사 행진과 항공 제식이 펼쳐지
고, 저녁 11시부터 에펠탑 전체가 프랑스의 국기를 이루는 파란

밤의 에펠탑. 조명을 밝힌 에펠탑은 낮과 다른 면모를 볼 수 있어 관광객들에게 큰 인기다.

색, 하얀색, 빨간색으로 변하면서 불꽃 축제가 시작된다. 특히 새벽 1시에 하얗게 반짝거리는 '화이트 에펠탑'이 인기가 많은데, 화려한 조명이 감싼 에펠탑을 보고자 사람들은 이 근처에 숙소를 잡기도 한다. 많은 관람객에게 사랑받는 에펠탑은 프랑스인들에게 어떤 건축물이었을까?

파리 센강 서쪽 마르스광장에 있는 에펠탑은 프랑스를 상징하는 건축물이다. 보불전쟁(1870~1871, '프로이센-프랑스전쟁'이라고도 함)에서 프랑스가 독일에 당한 치욕을 만회하고 국력을 과시하고자 1889년 프랑스혁명 100주년을 기념해 개최한 파리 만국박람회를 앞두고 세웠다. 건립 당시 탑의 높이는 300미터로, 1930년 뉴욕에 높이가 319.4미터인 크라이슬러 빌딩이 완공되기 전까지 세계에서 가장 높은 건물이었다.

에펠탑의 건립은 기술의 과시가 목적이었기 때문에, 탑은 20년 동안만 설치했다가 1909년에 해체할 예정이었다. 하지만 탑에 매료된 시민들이 해체 반대 운동을 벌인 데다 철거에 드는 비용이 막대하고, 이 무렵 발명된 무선전신 전화의 안테나로 탑을 이용할 수 있다고 알려지면서 해체 위기를 넘긴다. 에펠탑이 만약 사람이었다면 안도의 한숨을 쉬었을지도 모를 일이었다.

제2차 세계대전 당시 독일은 프랑스를 침공해 1940년 6월부터 파리를 점령했다. 1944년 노르망디상륙작전으로 연합군이 파리로 진격해오자 독일 총통 아돌프 히틀러Adolf Hitler, 1889~1945는 파리에 주둔한 독일군 사령관 디트리히 폰 콜티츠Dietrich von

Choltitz, 1894~1966에게 에펠탑을 비롯한 파리의 주요 건축물을 폭파하도록 명령한다. 하지만 콜티츠가 명령에 불복종하면서 에펠탑은 위기를 또 한 번 넘기며 살아남을 수 있었다.

'흉물스러운 철골 덩어리'

프랑스는 프랑스혁명(1789~1794)과 보불전쟁의 후유증으로 내리막길을 걷고 있었다. 그래서 경쟁국인 영국이 1851년 세계 최초의 만국박람회를 성공적으로 치른 것을 모델로 삼아 파리 만국박람회를 열어 자존심을 회복하고자 했다. 그리하여 전시물 설계 공모를 진행해 응모작 수백여 점 가운데 귀스타브 에펠이 제안한, Y자를 뒤집어놓은 형태의 거대한 철탑을 선정한다. 에펠은 1884년 당시 세계 최대의 공사로 알려진 프랑스 남부의 가라비Garabit 고가교를 완성했으며, 뉴욕 '자유의 여신상' 내부의 철골 설계와 파나마운하의 공사에 참여해 실력을 인정받은 건축가였다.

하지만 소설가 기 드 모파

1888년 프랑스의 사진작가 나다르가 촬영한 귀스타브 에펠의 초상 사진.

상Guy de Maupassant, 1850~1893, 에밀 졸라Émile Zola, 1840~1902, 알렉상드르 뒤마Alexandre Dumas, 1802~1870, 작곡가 샤를 구노Charles Gounod, 1818~1893 등 파리의 예술가들은 '파리의 수치', '철사 다리로 만든 깡마른 피라미드', '흉물스러운 철골 덩어리'라며 석조 위주의 건축물이 빼곡하게 들어서 있던 파리의 중심부에 거대한 철탑을 세운다는 것에 크게 불만을 표출한다. 시민들도 이에 동조하며 격렬하게 반대했다.

그런데도 에펠의 이름을 따서 명명한 에펠탑은 많은 예술가와 시민의 반대에도 굴하지 않고 1887년 1월 28일 착공해 2년 2개월 5일 만인 1889년 3월 31일 대역사를 마무리한다. 철을 주재료로 한 에펠탑은 '철의 시대'가 개막했음을 전 세계에 알렸다. 에펠탑은 높이 300미터로, 탑에 쓰인 철골 부재의 무게는 7,300톤에 달했으며 1만 8,038개의 부재를 잇기 위해 리벳rivet(대가리가 둥글고 두툼한 버섯 모양의 굵은 못) 250만 개를 사용했다.

부대시설을 포함해 탑이 완공되었을 때 탑의 전체 무게는 1만 100톤에 달했고, 도색에는 페인트 60톤이 쓰였다. 또 승강기를 설치해 총 3개 층으로 이루어진 탑의 최고층까지 올라갈 수 있도록 했다. 건설비로는 오늘날 기준으로 1억 4,200만 프랑(한화로 약 284억 원)이 들었다. 탑은 만국박람회장의 입구 역할을 했으며, 1889년 5월 6일 만국박람회가 개최되자 200만 명이 찾으며 엄청난 흥행을 거두었다.

파리의 운명을 바꾼 한 장군의 결단

에펠탑이 전쟁사에 본격적으로 등장한 시기는 1914년 7월 28일 오스트리아가 세르비아에 선전포고를 하면서 발발한 제1차 세계 대전이다. 전쟁이 터진 뒤 불과 38일 만에 독일군이 슐리펜계획 Schlieffen Plan에 따라 프랑스로 진격하면서 파리가 함락 일보 직전 에까지 놓이자, 프랑스 정부는 보르도로 피신했다.

절체절명의 상황에서 프랑스 군부는 에펠탑에 있는 무선송신 기를 활용해 1914년 9월 6일부터 10일까지 파리 외곽에서 벌어 진 1차 마른전투 초반에 독일군의 무선통신을 방해하면서 승리를 이끌어낸다. 양자역학의 기초를 만든 물리학자인 루이 드 브로이 Louis de Broglie, 1892~1987도 군 통신탑의 역할을 한 에펠탑에서 군 복무를 하며 통신 임무를 수행했다. 이 전투에서 승리한 후 프랑스 는 수도를 잃을 위기에서 벗어나고, 조기 종전을 꿈꾼 독일의 희망 은 무산된다.

하지만 에펠탑은 제2차 세계대전 때 또다시 위기를 맞는다. 1939년 9월, 독일이 폴란드를 침공하며 제2차 세계대전이 발발 했다. 프랑스가 마지노선을 쌓고 만전을 기했지만 1940년 5월, 독일은 개전開戰 6주 만에 파리를 함락한다. 1940년 6월 22일 히 틀러는 프랑스와 휴전협정을 맺은 후 파리를 방문해 파리의 오페 라하우스, 에투알개선문, 앵발리드, 에펠탑을 둘러보았다.

히틀러는 에펠탑 꼭대기에 올라가고 싶어 했다. 하지만 프랑

1940년 6월 독일군이 프랑스 파리를 점령한 후, 에펠탑 앞에서 사진을 촬영한 아돌프 히틀러(가운데). 히틀러의 왼쪽은 건축가 알베르트 슈페어고, 오른쪽은 조각가 아르노 브레커다.

스군이 승강기의 케이블을 끊어놔 계단으로 올라가야 해서 포기하고 만다. 이를 두고 "히틀러가 프랑스는 정복했으나 에펠탑은 정복하지 못했다"는 우스갯소리가 전해진다. 독일군은 탑 꼭대기까지 계단으로 올라가서 나치즘Nazism을 상징하는 하켄크로이츠Hakenkreuz('갈고리 십자가'라는 뜻)를 내걸었고, 깃발은 4년 가까이 에펠탑에 걸렸다.

　1944년 6월 6일 연합군이 노르망디상륙작전으로 프랑스에

상륙하며 독일군을 밀어내기 시작한다. 그해 8월 연합군이 파리에 접근하자 히틀러는 파리에 주둔하고 있던 독일군 사령관 콜티츠에게 에펠탑을 비롯해 루브르박물관, 노트르담대성당, 콩코르드광장 등 파리의 주요 건물을 폭파하고 파리 시가를 불태우라고 지시했다.

콜티츠는 어떻게 할지 고민하다가 아내에게 전화를 건다. "히틀러의 명령을 거부하겠다"는 콜티츠의 말을 들은 그의 아내는 "당신이 자랑스럽다"고 말했다. 훗날 콜티츠는 "나는 히틀러의 배신자가 될지언정 파리를 불바다로 만들어 인류의 죄인이 될 수는 없다"며 명령을 거부한 이유를 밝힌다.

히틀러가 콜티츠에게 9번이나 전화해 "파리는 불타고 있는가?Brennt Paris?"라고 물었을 때, 그는 "그렇다"고 허위 보고를 했다. 콜티츠의 명령 불복종으로 에펠탑을 비롯해 파리의 문화유산은 단하나도 파괴되지 않는다. 1945년 8월, 파리가 해방된 지 불과 몇 시간 후에 끊어놓은 케이블이 복구되면서 에펠탑의 승강기는 다시 운행을 시작했다.

이 과정은 1966년 르네 클레망René Clément, 1913~1996 감독이 영화 〈파리는 불타고 있는가?Paris

디트리히 폰 콜티츠 장군.

Brûle-t-il?〉로 만든다. 당시 컬러로 제작할 기술력을 충분히 갖췄음에도 영화는 흑백으로 제작되었다. 붉은색과 검은색이 섞인 나치 깃발이 파리 시내에 온전히 걸려 있는 모습이 영화에 나오는 것을 프랑스 정부가 거부했기 때문이다. 다만 영화의 마지막 장면에서만 해방된 파리 시내 전경을 컬러로 보여준다.

'파리의 구원자'라고 불렸으나 패전하게 된 콜티츠와 그의 부하들은 끌려가면서 파리 시민들에게 온갖 야유와 욕설을 듣는 비참한 신세로 전락했다. 하지만 프랑스의 레지스탕스résistance(제2차 세계대전 당시 나치의 점령에 대항해 유럽, 특히 프랑스에서 일어난 지하운동 및 단체)와 경찰들은 그들의 신변을 보장해준다. 레지스탕스 지도자 앙리 롤 탕기Henri Rol-Tanguy, 1908~2002가 항복 조건으로 콜티츠를 포함해 파리에 주둔한 독일군 1만 7,000명의 목숨을 보장했기 때문이다. 훗날 롤 탕기는 "파리를 지켜준 콜티츠의 마음이 고마웠으며 설령 그런 조건을 제시하지 않았다 해도 그들을 건드리지 않았을 것"이라고 회고했다.

콜티츠는 종전 후 전범재판을 받아 영국과 미국에서 복역하다가, 파리를 불바다로 만들지 않은 공로로 수감된 지 2년 만인 1947년 가석방된다. 또 파리를 무사히 지켜준 데 따른 감사장과 명예시민증까지 받았다. 그는 1956년 독일 점령군 사령부로 쓰인 파리의 모리스 호텔을 다시 방문한다.

콜티츠는 아주 점잖으면서도 조금은 놀란 듯한 눈치로 호텔을 둘러봤다고 전해진다. 그를 알아본 호텔 매니저가 샴페인을 권했지만, 콜티츠는 사양하면서 호텔을 떠났다. 콜티츠는 영화 〈파리는 불타고 있는가?〉가 개봉한 지 11일 만에 독일의 바덴바덴에서 전쟁 후유증으로 타계한다. 장례식에는 프랑스군 고위 장교들도 참석해 그를 추모했다.

전 세계와 테러의 아픔을 나누다

1957년 탑 꼭대기에 텔레비전 안테나가 설치되면서 에펠탑의 높이는 324미터로 경신된다. 1999년 12월 31일엔 파리의 새천년 기념식이 이곳에서 열렸다. 이때 탑 꼭대기에 탐조등이 설치되고 전구 2만 개가 탑 전체를 장식한다. 이로써 에펠탑은 지금까지 매일 정해진 시간에 파리의 밤하늘을 빛내고 있다.

이 탑은 현재 세계 각지에서 테러가 일어날 때마다 소등하고 희생자들을 추모한다. 지난 2015년 1월 『샤를리 에브도』 테러를 비롯해 2017년 5월 영국의 아리아나 그란데 콘서트 폭발 사고, 2019년 4월 부활절에 스리랑카에서 일어난 테러의 희생자를 추모하기 위해 탑은 화려한 불빛을 끄고 어둠 속에 잠겼다.

이외에도 기후변화를 경고하고, 멸종위기 동물 살리기에 동참하며, 내전으로 고통받는 시리아인들에게 연대를 표하는 등 다양한 의미로 소등에 참여하고 있다. 그렇게 에펠탑은 프랑스의 명실상부한 얼굴로서 오늘도 역사를 증언하고 있다.

전승 기념비 열풍의
원조

나폴레옹 1세Napoléon I, 1769~1821가 승리를 기념하기 위해 만들었으며 완공 후 그 아래를 행진하려고 했지만, 죽은 뒤 관 속에서야 문 주변을 돌 수밖에 없었던 에투알개선문의 뒷이야기를 들어본 적 있는가? 파괴와 정복을 상징했던 에투알개선문은 바닥에 제1차 세계대전에 참여했다 전사한 무명용사들이 안장되면서 비로소 평화를 상징하는 장소로 바뀌었다. 개선문 내부에 있는 나선형 계단을 오르다 보면 중간에 쉴 곳과 기념품 가게가 있으며, 전망대까지 올라가면 몽마르트르언덕과 샹젤리제 거리, 에펠탑이 보인다. 전 유럽에 전승 기념비 열풍을 일으킨 에투알개선문은 과연 어

에투알개선문의 전경. 티투스개선문을 본떠 지어졌지만 현재 이 건축물은 많은 사람이 떠올리는 개선문의 원형이 되었다.

떤 건축물이었을까?

프랑스 파리의 샤를드골광장에 웅장하게 서 있는 에투알개선문은 로마시대에 세워진 티투스개선문을 본떠 만든 근대 고전주의양식의 건축물이다. 1806년 나폴레옹 1세가 아우스터리츠전투를 비롯해 프랑스의 모든 승리를 기념하기 위해 건설을 지시했지만, 1814년 그가 실각하면서 공사가 중단되었다. 그 후 이 건축물은 왕정복고, 7월혁명 등으로 점철된 격동의 시대를 지나 30년 만인 1836년에야 완성된다.

이곳은 세계에서 가장 유명한 개선문으로 프랑스의 영광을 상징하지만, 독일이 보불전쟁과 제2차 세계대전 때 파리를 점령하고 이곳을 행진하면서 프랑스에 치욕을 안겨준다.

에투알개선문은 높이 50미터, 너비 44.8미터로 세계에서 규모가 가장 큰 개선문이었으나 1982년 북한이 이 개선문을 모방해 높이 60미터, 너비 50미터의 '평양개선문'을 세우면서 2번째로 밀려났다.

죽어서야 통과할 수 있었던 황제의 문

1805년 12월, 나폴레옹은 오스트리아와 러시아의 동맹군을 상대로 치른 아우스터리츠전투에서 대승을 거둔 후 병사들에게 다음과 같이 말했다. "제군들은 승리의 개선문을 통해 집으로 돌아갈

것이다!"

이는 결코 나폴레옹의 허황된 꿈이 아니었다. 나폴레옹은 로마제국의 영광을 재현하려는 야심을 품고 이탈리아원정(1796~1797) 도중 로마에서 인상 깊게 본 티투스개선문을 참고해 에투알개선문의 건설 계획을 세운다. 나폴레옹은 티투스개선문을 그대로 파리로 옮기려고 했으나 당시의 기술로는 불가능했기에 그러지는 못했기 때문이다.

1806년 2월 18일 프랑스 제국 법령은 개선문 건설을 승인한다. 나폴레옹 1세는 에투알개선문이 바스티유 감옥의 바로 근처인 파리 동쪽에 위치하길 바랐다. 다음 달인 3월, 건축가 장 샬그랭Jean Chalgrin, 1739~1811이 파리에서 개선문을 세우기에 가장 적합한 장소를 찾는 임무를 맡아 성공적으로 수행한다. 그리고 나폴레옹은 5월 9일, 현 위치인 지금의 샹젤리제 거리에 개선문을 건설하기로 결정한다.

1806년 8월 15일, 나폴레옹의 37번째 생일에 첫 돌이 놓이며 공사가 시작되었다. 같은 해에 지어진 카루젤개선문은 2년 만인 1808년 완공되었으나, 그보다 규모가 2배 이상 컸던 에투알개선문은 기초를 다지는 데만 2년이 걸린다. 하지만 1814년 4월 나폴레옹이 러시아원정(모스크바원정) 실패로 엘바섬(이탈리아 서해안 티레니아해에 있는 토스카나열도에 딸린 섬)으로 유배를 떠나면서 공사는 중단되었다.

16년 후인 1830년엔 7월혁명이 일어난다. 이때 루이 필리프Louis Philippe, 1773~1850가 왕위에 올라 쇠퇴한 프랑스의 군사적 위용을 되살리기 위해 멈추어 있던 개선문의 건설을 완료하라고 지시를 내린다. 프랑스의 마지막 왕이기도 한 그는 베르사유궁전을 박물관으로 변경해 일반인들에게 공개했으며, 영국의 식민지인 세인트헬레나섬에 묻힌 나폴레옹 1세의 유해를 프랑스로 이장하도록 영국과 합의를 이끌어낸다.

1832년부터 다시 만들어지기 시작한 에투알개선문은 1836년 7월 29일 완공되었다. 죽어서 조국에 돌아온 나폴레옹 1세의 유해는 그가 퇴위한 지 25년 후인 1840년 12월 15일, 이 개선문을 통과한다. 세계적인 대문호 빅토르 위고Victor Hugo, 1802~1885도 1885년 5월 22일, 파리에 있는 국립묘지인 팡테옹Panthéon에 묻히기 전에 이곳에서 하룻밤을 보낸다. 지금까지 이 두 사람의 운구차만 에투알개선문 아래를 지나갔다.

파리의 별이자 프랑스의 별

'에투알개선문Arc de triomphe de l'Étoile'은 '승리의 개선문'이라는 뜻이다. 이곳을 중심으로 샤를드골광장 둘레로 뻗은 도로 12개가 별 모양이라고 해서, 프랑스어로 '별'을 뜻하는 '에투알Étoile'이라는 이름이 붙었다. 1854년 나폴레옹 3세Napoléon III, 1808~1873가 파리 시내를 재개발하면서 5갈래였던 기존 도로에 7갈래 길을 추

보불전쟁에서 승리한 후 에투알개선문 아래를 행진하는 프로이센 군대를 그린 그림.

가해 오늘날처럼 12갈래 길이 만나게 된다. 도로 이름 12개는 프랑스혁명과 나폴레옹 제국을 빛낸 전쟁터와 주요 인물들에게 헌정되었다.

　개선문은 높이 50미터, 너비 44.8미터, 폭 22.2미터로, 멀리에서보다 가까이에서 볼 때 웅장함이 느껴지도록 설계되었고 내부엔 관련 역사를 전시한 박물관이 있다. 개선문의 4개 기둥엔 장 피에르 코르토Jean-Pierre Cortot, 1787~1843가 제작한 〈1810년의 승리〉, 앙투안 에텍스Antoine Étex, 1808~1888가 제작한 〈저항〉과 〈평화〉, 프랑수아 뤼드François Rude, 1784~1855가 제작한 〈라마르세예즈〉 등이 각각 커다란 부조로 조각되었다.

윗면엔 작은 부조 6개가 있고 외벽엔 프랑스 공화정 시대와 나폴레옹전쟁(1799~1815) 때 벌어진 전투 128건의 이름과 이 전투에 참여한 프랑스 장군 558명의 이름이 새겨져 있다. 15센티미터 길이로 밑줄 그은 이름은 전쟁터에서 전사한 장군을 의미한다. 내벽엔 전투에서의 승리를 담은 방패 30개가 각인되어 있으며, 총 284개 계단을 통해 개선문 꼭대기에 올라갈 수 있다.

프랑스의 자부심, 치욕이 되다

에투알개선문은 완공 후 프랑스인들의 국민적 자부심이 된다. 하지만 프로이센군은 1871년과 1940년 파리를 침공해 전투에서 승리한 후 이곳을 행진하면서 프랑스에 큰 치욕을 안겼다. 1870년 7월 19일, 독일의 통일을 원치 않았던 나폴레옹 3세는 프로이센 Preussen(독일 동북부에 있었던 나라로 독일제국의 전신前身)에 전쟁을 선포한다. 하지만 프랑스군은 마르스라투르전투와 그라블로트전투에서 참패하고, 그해 9월 1일 스당전투에서 대패하면서 나폴레옹 3세까지 포로로 붙잡혔다. 프로이센군은 1806년 나폴레옹 1세가 군대를 이끌고 독일의 브란덴부르크문을 지나 베를린성까지 행진한 것처럼, 1871년 에투알개선문을 지나 베르사유궁전으로 행진했다.

하지만 이것이 프랑스가 겪은 굴욕의 끝은 아니었다. 제2차 세계대전 당시 프랑스는 전쟁을 시작한 지 1개월 만에 국가의 심장부인 파리를 독일군에 점령당한다. 1940년 6월 14일 독일군은 파리에 무혈입성해 에투알개선문을 지나며 행진했다. 이 광경을 바라보는 시민들은 보불전쟁 때 겪은 수모를 다시 당해야 했다. 그해 6월 22일 프랑스의 군인이자 정치가 앙리 필리프 페탱Henri Philippe Pétain, 1856~1951은 독일의 히틀러에게 공식적으로 항복한다.

그렇게 파리 곳곳에는 나치의 깃발이 걸렸으며 에투알개선문 꼭대기에도 예외 없이 하켄크로이츠가 드리워졌다. 4년 뒤인 1944년 6월 노르망디상륙작전이 성공한 이후 8월 25일 파리는 샤를 드골Charles De Gaulle, 1890~1970 장군이 이끄는 자유프랑스군에 의해 해방된다. 다음 날 드골과 자유프랑스군은 개선문 주변을 행진하며 프랑스인들에게 열렬한 환호를 받았다.

꺼지지 않는 추모의 불꽃

프랑스는 영국 런던의 웨스트민스터사원에 있는 무명용사의 무덤

1940년 7월 에투알개선문 앞에서 열린 독일군의 프랑스 개선 행진.

1944년 8월 26일 샤를 드골(가운데 군복을 입은 인물)이 자유프랑스군 장군들과 에투알개선문 앞을 행진하고 있다.

에 영감을 받아 1921년 1월 28일 개선문 아래에 무명용사의 무덤을 안장한다. 이 때문에 군사 행진 때 군대는 개선문을 통과하지 않고 돌아서 지나갔으며, 1940년 파리에 입성한 독일군과 1944년 파리를 해방한 드골 장군의 자유프랑스군도 이 관례를 모두 엄수했다고 전해진다. 드골 장군은 해방된 파리의 샹젤리제 거리로 행진하기 전에 흰 꽃과 '로렌의 십자가(자유프랑스의 국기)'를 무명용사의 무덤에 올려놓았다.

무덤과 함께 제1차 세계대전의 무명용사들을 추모하는 불꽃 제단도 설치된다. 1923년 11월 11일 국방장관 앙드레 마지노 André Maginot, 1877~1932가 점화한 이래, 불꽃은 제1·2차 세계대전에서 희생된 이들을 기리며 매일 저녁 6시 30분에 켜지고 있다. 개선문 바닥에는 드골 장군의 포고문, 한국의 6·25전쟁과 인도차이나 등지에서 프랑스군이 외국에서 희생된 전사들을 기리는 추모비가 있다.

에투알개선문에서는 제2차 세계대전 종전 기념일인 5월 8일, 프랑스혁명 기념일인 7월 14일, 제1차 세계대전 휴전 기념일인 11월 11일 등 국가 행사 때 군사 행진을 치른다. 특히 프랑스 국경일이자 바스티유 감옥 습격 기념일인 7월 14일을 기념하는 군사 퍼레이드는 1880년 이후 매년 이곳에서 행진을 시작한다.

2018년 11월 11일엔 제1차 세계대전 종전 100주년 기념 행사를 전 세계 70여 개국의 정상頂上이 참석한 가운데 성대하게 치렀다. 또 2018년 말에는 프랑스 대통령 에마뉘엘 마크롱

개선문 아래에 설치한 '꺼지지 않는 불꽃'.

Emmanuel Macron의 유류세 인상 발표에 반대해 시작된 '노란 조끼 시위'로 개선문 일부가 훼손되었다가 다시 복구되기도 했다.

2019년 7월 14일엔 프랑스혁명 230주년을 맞아 유럽연합 주요국의 정상이 모인 가운데 대규모 군사 퍼레이드가 열린다. 군인 4,300명과 항공기 100여 기, 차량과 전차 200여 대가 동원되었다. 유인有人 소형 비행체 등 프랑스산 미래형 무기도 선보였다. 에투알개선문은 프랑스의 자존심으로서 오늘도 파리 한가운데에 우뚝 서 있다.

나폴레옹의
야욕과 집착의 산물

———————— **루브르박물관** ————————

프랑스 파리에 있는 루브르박물관에 가본 적이 있는가? 루브르박물관 앞에 있는 유리 피라미드는 1989년에 건설한 것으로, 처음엔 어울리지 않는다는 평을 많이 받았으나 현재 루브르박물관을 대표하는 조형물이 되었다.

파리를 여행할 때 아무리 시간이 없어도 루브르박물관의 야경은 절대로 놓쳐선 안 된다는 말이 있을 정도로 은은하게 조명된 웅장한 건물에, 휘황찬란한 빛으로 둘러싸인 유리 피라미드 앞은 중요한 명소로 자리 잡았다. 겉으로 보기엔 더할 나위 없이 화려한 루브르박물관이지만 그 이면엔 전쟁이라는 아픔을 숨기고 있다.

루브르박물관의 전경. 고전적인 루브르궁전과 현대적인 유리 피라미드가 만나 묘한 조화를 이룬다.

루브르박물관은 12세기에 요새로 세워져 오늘날에 이르기까지 700년이 넘는 전쟁사를 간직하고 있다.

전 세계에서 관람객이 가장 많은 박물관은 어디일까? 바로 프랑스의 수도 파리의 중심인 리볼리가에 있는 루브르박물관이다. 루브르박물관은 명실상부한 프랑스 최고의 박물관으로 2018년에 한 해 방문객 수가 1,000만 명이 넘었을 정도로 엄청난 인기를 자랑한다.

우리가 평소 잘 알고 있는 레오나르도 다 빈치Leonardo da Vinci, 1452~1519의 〈모나리자〉 역시 이 박물관이 소장한 대표작 가운데 하나다. 궁전을 개조한 루브르박물관은 소장품의 양와 질에서 미국의 메트로폴리탄박물관, 영국의 대영박물관, 러시아의 예

루브르박물관의 내부.

르미타시박물관과 함께 세계 4대 박물관으로 손꼽힌다.

사실 1793년에 탄생한 루브르박물관은 프랑스 최초의 박물관은 아니다. 그 영예는 1750년 부르봉 왕가 소유의 예술품을 전시한 뤽상부르궁전이 차지했는데, 아쉽게도 이곳의 전시실은 1779년 루이 16세Louis XVI, 1754~1793가 훗날 루이 18세Louis XVIII, 1755~1824가 되는 동생 프로방스 백작에게 왕자령으로 하사하면서 폐쇄되었다.

승리를 예술로 기록하고자 한 나폴레옹

나폴레옹은 여러분에게 혹시 어떤 인물인가? 정복자, 정치인, 군인, 황제 등 여러 수식어로 불리는 인물이었다. 그는 오늘날 영화나 뮤지컬의 소재가 됐을 뿐만 아니라 때로는 누군가의 우상일 정도로 우리에게 잘 알려진 인물이기도 하다. 하지만 그의 정복 전쟁은 '문화재 약탈 전쟁'이라 해도 과언이 아닐 정도다. 루브르박물관엔 왜 세계 각국의 걸작이 모여 있는지, 또 루브르박물관과 나폴레옹은 어떤 관계인지 살펴보자.

루브르박물관에는 나폴레옹의 전쟁사가 서려 있다. 나폴레옹은 1784년 파리육군사관학교에 입학한 뒤 1785년 포병 소위로 임관하면서 1789년 프랑스혁명 때 코르시카국민군의 부사령관으로 취임한다. 그리고 1799년 11월 쿠데타 성공으로 실권자

루브르박물관에 전시 중인 자크 루이 다비드의 〈장군 보나파르트의 미완의 초상〉. 나폴레옹이 장군이었던 18세기경, 화가가 그를 처음 만난 자리에서 그린 초상화다. 그런데 3시간 만에 나폴 레옹이 자리를 뜨는 바람에 작품은 완성되지 않은 상태로 남았다.

가 된 그는 1804년부터 1815년까지 나폴레옹 1세로서 프랑스 제1제국의 황제를 지냈다. 나폴레옹은 영국과의 트라팔가르해전에서 크게 패했지만 오스트리아를 무너뜨리고 신성로마제국을 멸망시켰으며, 프로이센과 러시아제국을 굴복시켜 유럽 대륙의 패권을 잡는다.

전쟁을 많이 벌인 루이 13세Louis XIII, 1601~1643와 루이 14세 Louis XIV, 1638~1715 시대까지 프랑스는 전쟁에서 거둔 승리를 이용해 왕궁의 문화재 소장품을 늘리는 것을 고려해본 적이 없었다. 하지만 나폴레옹은 그들과는 달랐다. 그는 보나파르트 왕조를 세우기 위해 군주제의 모든 의식에 집착했는데, 우리는 루브르박물관 곳곳에 장식된 그의 이름의 맨 앞 글자를 딴 N자와, 그의 문장 紋章(왕이나 귀족 집안의 상징인 그림)인 독수리와 일벌을 통해 그 흔적을 마주할 수 있다. 나폴레옹은 모든 문명 세계의 순수예술품을 한곳에 모아 프랑스를 공인된 중심지로 만들려는 열망을 품었던 것이다.

나폴레옹은 전쟁에서 승리함으로써 약 5,000점에 이르는 전리품을 프랑스로 보냈고, 그렇게 루브르박물관은 유럽 최고의 예술품을 소장하게 된다. 1794년 벨기에 침공 이후 나폴레옹은 본격적으로 유럽 전역의 교회와 궁중에서 전리품을 수집하기 시작했다. 1796~1797년엔 이탈리아원정으로 북부 이탈리아를 침공해 카스틸리오네전투, 아르콜 다리 전투, 리볼리전투 등으로 오스트리아가 주축을 이룬 대對프랑스 동맹군을 격파한다. 이때도 나폴레옹은 프랑스 군대가 주요 예술품을 포장해 루브르박물관으로 보내도록 했고, 각 분야의 여러 전문가와 학자를 이 여정에 대동시켰다.

　1798년 7월 파리에서 거행된 '자유의 축제'에서 조각상, 회화, 동식물 등 다양한 전리품이 긴 행렬로 장관을 이룬다. 당시 루브르박물관으로 온 대표적인 전리품으로 1563년 파올로 베로네세Paolo Veronese, 1528~1588가 그린 〈가나의 결혼식〉을 들 수 있다. 이 작품은 루브르박물관에서 가장 큰 회화 작품으로 가로 9.9미터, 세로 6.6미터에 달하며 인물 132명이 물을 포도주로 만든 예수의 첫 번째 기적을 목격하는 장면을 그렸다. 나폴레옹은 1797년 베네치아의 산조르조 마조레 성당에서 이 작품을 떼어온다. 현재 〈가나의 결혼식〉은 드농관 2층 711호에 전시한 레오나르도 다 빈치의 〈모나리자〉 반대편에 걸려 있다.

'전리품의 전 인류 재분배'라는 야심

프랑스 혁명정부는 전략적 요지인 이집트를 식민지로 만들어 영국의 영토 확장을 막고자 했으며 급격히 떠오르는 나폴레옹을 프랑스에서 멀리 격리하기 위해 이집트 원정군 사령관으로 임명했다. 1798년 5월 19일 나폴레옹은 3만 8,000여 병력과 함선 350척으로 툴롱을 출발해 이집트원정을 떠난다. 그리고 그는 그해 7월

1563년 파올로 베로네세가 그린 〈가나의 결혼식〉. 루브르박물관에서 가장 큰 회화이자, 〈모나리자〉의 맞은편에 걸려 유명한 작품이다.

카이로로 진군해 맘루크군과의 피라미드전투에서 승리한 뒤 이집트를 장악했다.

나폴레옹은 이때 고고학자와 천문학자, 수학자, 화학자, 사서, 인쇄공, 토목기사, 광산기사, 화가, 인문학자 등 175명을 데리고 유적지 탐사 활동에 나선다. 이 중에 고고학자 도미니크 비방 드농Dominique Vivant Denon, 1747~1825이 동행하면서 약탈한 전리품 수가 급격히 늘었다. 후에 드농은 1801년 11월 19일 루브르박물관, 베르사유미술관, 프랑스유물박물관, 자연사박물관을 통합한 중앙미술박물관의 관장이 되었고, 그의 이름을 따서 만든 공간이 바로 루브르박물관의 드농관이다.

루브르박물관 이집트관에는 기원전 4,000년부터 기원후 4세기까지 제작된 5만 점이 넘는 다양한 작품이 있다. 소장품은 이집트의 고대 미술품, 파피루스 두루마리, 미라, 옷, 보석, 악기, 무기 등으로 종류와 양이 방대하다. 그래서 이집트관에 들어서면 마치 카이로에 있는 이집트박물관에 온 듯한 착각마저 든다. 다만 1801년 프랑스가 영국에 패해 이집트에서 철수한 뒤 유물의 행선지는 루브르박물관 대신 영국의 대영박물관으로 바뀌었다.

나폴레옹은 영국과 오스트리아, 러시아, 프로이센 등 유럽의 여러 나라와 전쟁을 벌이며 유럽 전역을 전쟁터로 만든다. 나폴레옹의 쿠데타 1주년 기념일인 1800년 11월 9일에 루브르박물관은 고대 조각들을 전시한 고대미술관을 개관했다.

루이 16세 시대에 '중앙예술박물관'이라는 명칭을 얻은 루브르궁전은 1803년 나폴레옹 집권과 함께 '나폴레옹 박물관'을 뜻하는 '뮈제 나폴레옹Musée Napoléon'으로 바뀐다. 1804년 황제로 즉위한 나폴레옹은 세계 최고의 박물관을 건립해 전리품을 국민, 더 나아가 인류에게 재분배하겠다고 공표했다. 나폴레옹은 루브르박물관의 건축가들에게 "거대한 것은 영원히 아름답다"고 말함으로써 영감을 주려고 노력한다. 드농의 지휘 아래 루브르박물관의 예술품은 시대별로 나누어 배치했고 중요한 거장의 작품들은 유파에 따라 모아놓았다.

1811년 나폴레옹박물관의 전시는 절정에 달한다. 고대관은 확장되어 조각상 400개 이상을 전시했으며 그랑 갤러리는 9개 전시실에서 그림 1,176점을 선보였다. 다만 반도전쟁(1808~1814, 나폴레옹의 이베리아반도 침략에 저항해 에스파냐·영국·포르투갈 동맹군이 벌인 전쟁)의 실패와 영국 침공 포기로 두 지역의 작품은 거의 찾아볼 수 없었다.

나폴레옹이 전쟁을 일으키지 않았더라면

모든 걸작을 모아놓은 단 하나의 박물관을 만들려는 나폴레옹 황제의 바람은 그리 오래가지 못했다. 1812년 러시아원정 실패 이후 몰락의 길을 걷는 그는, 1813년 라이프치히에서 제6차 대프랑스 동맹에 의해 전쟁에서 패하고 다음 해에 실각한다. 또 유배당한 엘바섬에서 도망쳐 나와 권력을 다시 잡고 1815년 워털루전투를 벌이지만, 영국·프로이센·오스트리아 연합군에 지면서 쓸쓸한 최후를 맞는다. 이후 1815년 빈회의에서 오스트리아·영국·프러시아·러시아·프랑스 간의 평화조약이 체결되고, 그 결과 루브르박물관으로 보내진 전리품들은 원래 자리로 되돌아가게 된다.

1815년 7월부터 11월 사이에 프랑스혁명전쟁과 나폴레옹 시대에 약탈해온 회화 2,065점, 동상 280점, 청동 289점, 에나멜 (칠보 작품) 1,199점 등 총 3,833점이 원래 보유국으로 반환됐는데, 이는 전체 전리품의 약 80퍼센트에 해당한다.

드농은 이탈리아 화가 베로네세의 작품 〈가나의 결혼식〉이 이동에 취약하다는 이유로 17세기 프랑스 화가 샤를 르 브룅 Charles Le Brun, 1619~1690이 그린 〈시몬 집에서의 식사〉를 대신 보냈다. 당시 루브르박물관의 책임자는 예술품 반환을 온몸으로 막아서면서 다음과 같이 말한다. "가지고 가라고 하시오. 하지만 그들은 볼 수 있는 안목이 없소. 프랑스는 항상 예술에서 그 탁월함을 보여줄 거요. 왜냐하면 프랑스가 소유하는 걸작은 다른 나라의 것들보다 항상 월등하기 때문이오."

이후 왕정복고와 함께 부르봉 왕가의 루이 18세가 즉위하면서 루브르박물관은 '나폴레옹박물관'에서 다시 '왕립박물관'으로 명칭이 바뀐다. 나폴레옹을 표시하는 곳곳의 N자와 문장은 대부분 지워지고, 프랑스왕의 문장인 백합과 L자가 대신 새겨졌다. 나폴레옹의 실각으로 루브르궁전과 튈르리궁전을 연결하는 '위대한 계획' 공사는 북쪽에 새로 난 길인 리볼리를 따라 진행되다가 다시 중단된다.

1848년에 루브르박물관은 프랑스의 국가재산으로 등록되었다. 1913년 12월 31일 제정된 프랑스 법령 제18조엔 "국가재산의 소유 이전이 가능하지 않다"고 적혀 있다. 그렇게 루브르박물관은 나폴레옹의 통치 아래 전형적인 국가 박물관이 됐으며 이후 전 세계 국립박물관의 본보기로 성장한다.

오늘날 루브르박물관을 있게 한 나폴레옹을 소재로 삼은 앙투안 장 그로Antoine-Jean Gros, 1771~1835의 〈아일라우전투의 나폴레옹〉과 〈나폴레옹 1세의 대관식〉, 〈장군 보나파르트의 미완의 초상〉, 〈자파의 페스트 격리소를 방문한 나폴레옹 보나파르트〉 등 자크 루이 다비드Jacques-Louis David, 1748~1825의 작품들은 여전히 루브르박물관에서 감상할 수 있다. 나폴레옹의 전쟁이 일어나지 않았다면, 루브르박물관은 어떤 모습을 하고 있을지 궁금해지기만 한다.

황금 돔으로 빛나는
프랑스군의 기념물

—— 앵발리드 ——

파리의 앵발리드에서 황금빛 지붕으로 상징되는 돔 성당의 내부
에는 나폴레옹의 묘가 있다. 12개 여신상으로 둘러싸인 이곳은 관
람객들이 위에서 아래로도 내려다볼 수 있도록 지어졌다. 나폴레
옹과 그의 가족들의 묘를 모아놓은 공간에 많은 관람객이 방문하
는 것을 보면 프랑스 역사에서 나폴레옹이 차지하는 비중과 위엄
을 실감할 수 있다. 그 밖에도 작곡가나 군인 등 프랑스의 여러 영
웅이 이곳에 잠들어 있다. 다양한 기념물이 한 공간에 집합한 파리
최대의 종합 전시장인 앵발리드는 어떻게 프랑스의 명사名士들을
안장하게 되었을까?

앵발리드의 전경. 돔 성당의 우뚝 솟은 황금 돔은 파리를 대표하는 또 다른 랜드마크다.

파리 센강의 알렉상드르 3세 다리 남쪽에 있는 '앵발리드 Invalides'는 '상이용사', '부상병'이라는 뜻으로 군사적 업적을 남긴 프랑스의 위인들을 위한 묘지이자 예배당인 돔 성당, 생루이성당, 군사 박물관, 전쟁 박물관, 정원, 명예의 뜰 등으로 구성된 바로크풍의 건축물이다. 이곳은 17세기 루이 14세의 명命으로 부상병과 퇴역 군인의 요양원으로 지어졌으며, 프랑스혁명 당시 바스티유 감옥을 습격하기 위해 시민군이 무기를 탈취한 역사적인 장소로도 잘 알려져 있다.

나폴레옹이 1804년 7월 15일 레지옹도뇌르Légion d'honneur 훈장(프랑스 최고 권위의 훈장)의 공식 서훈식을 거행한 이후, 이곳에서는 프랑스 최고국가훈장식이 계속 이어져 내려오고 있다. 제2차 세계대전 당시엔 파리를 점령한 독일의 히틀러가 이곳을 방문해 나폴레옹의 묘를 살펴보았다는 일화가 전해지기도 한다.

프랑스 건축의 걸작이자 군인들의 안식처

'태양왕'으로 불리며 절대왕정을 이룩한 루이 14세가 40년 동안 벌인 긴 전쟁으로 인해, 프랑스에서는 상이용사들이 몰려다니며 절도와 강도 짓을 벌이고 국민의 안전을 위협하면서 사회적인 문제로 부각된다. 또 다른 전쟁을 준비하던 루이 14세는 전제군주를 위해 피를 흘린 군인들이 편안히 여생을 보낼 수 있도록 왕실이 배려하는 모습을 보이고자 결단을 내린다.

그래서 1670년 11월 24일 궁정 건축가 리베랄 브뤼앙Libéral Bruant, 1637~1697에게 군인들을 위한 주택과 요양원을 짓도록 명한다. 4년의 공사 끝에 1674년 4,000명을 수용할 수 있는 앵발리드가 완공되고 상이군인과 퇴역군인이 머무르기 시작했다. 군인들은 앵발리드에서 여러 가지 색실로 그림을 짜 넣은 직물인 태피스트리 직조 기법을 배우거나 구두 수선, 채색술 등을 연마한다.

군인들을 위한 생루이성당은 브뤼앙에 이어 쥘 아르두앙 망사르Jules Hardouin-Mansart, 1646~1708가 작업을 이어받아 1679년 완공했다. 베르사유궁전의 개조와 확장 공사에도 참여한 적이 있는 망사르는 1679년부터 돔 성당을 설계한다. 이 건물은 망사르가 사망한 뒤인 1710년에 완공되었다.

로마의 성베드로대성당에서 영향을 받은 돔 성당은 높이가 107미터까지 뻗어 위풍당당하다. 또 프랑스의 고전주의양식과 바로크양식이 조화를 이룬 종교 건축의 걸작으로 손꼽히며 앵발리드의 상징이 되었다. 예수와 12사도를 그린 천장화는 섬세하면서도 다채롭게 표현되어 있다. 돔 지붕은 구리판 5만여 개로 만들어졌는데 1715년에 처음으로 금을 입혔고, 1989년 프랑스혁명 200주년을 기념해 황금 40킬로그램을 사용하면서 더 화려하게 완성되었다.

뜨거운 혁명의 본거지

17세기에 수많은 전쟁으로 국고를 바닥낸 루이 14세 때문에 프랑스 왕실은 만성적인 재정 악화를 겪었을 뿐만 아니라, 루이 16세가 미국독립혁명의 군사비를 지원한 것이 재정 궁핍으로 이어져 결국 프랑스혁명이 일어나게 된다. 1789년 7월 13일, 파리 시내 곳곳에 바리케이드가 세워지고 혁명의 분위기가 무르익으면서 시민들은 무기를 찾아 나섰다.

당시 앵발리드의 관리를 맡았던 샤를 프랑수아 비로 송브뢰일Charles François de Virot de Sombreuil, 1723~1794 후작은 화승총의 뇌관 제거를 상이용사들에게 명령하지만, 이미 혁명의 분위기에 취한 상이용사들은 작업을 천천히 진행한다. 다음 날인 7월 14일, 시민들은 앵발리드의 무기고를 습격해 소총 3만 2,000정과 대포 20문을 탈취한 다음 바스티유 감옥으로 향하고, 이 사건은 프랑스혁명의 도화선이 되었다. 자신이 지은 앵발리드가 왕정을 무너뜨릴 단초를 제공하리라고 루이 14세는 상상이나 했을까?

부르봉왕조를 무너뜨리고 프랑스를 뒤바꾼 시민혁명으로 급부상한 인물은 나폴레옹 1세다. 1800년 9월, 나폴레옹이 프랑스군의 역사상 단 6명만 임명된 프랑스 대원수이자 국민적 영웅인 튀렌 자작Vicomte de Turenne, 1611~1675의 유해를 돔 성당으로 옮겨 안치하라는 명령을 내린 이후, 앵발리드는 국립묘지로 쓰이기 시작했다. 당시 튀렌 자작의 유해는 역대 프랑스왕의 무덤인 생드니

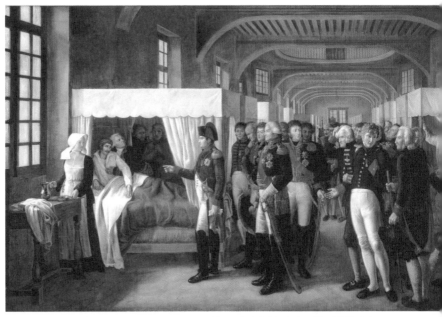

1809년 알렉상드르 베롱 벨쿠르가 그린 〈1808년 2월 11일 앵발리드의 의무실을 방문한 나폴레옹 1세〉. 황제가 된 나폴레옹은 수시로 앵발리드에 들러 옛 전우들의 상태를 살피곤 했다.

대성당에 안치돼 있었다. 프랑스혁명으로 역대 왕과 왕비의 무덤을 파괴해버린 과격한 혁명파들도 그의 시신만은 보전해주고자 파리식물원에 따로 옮겨놓은 상태였다.

　1804년 황제의 자리에 오른 나폴레옹은 참모들을 대동하고 수시로 앵발리드를 방문해 옛 전우들을 보살폈다. 1808년엔 루이 14세 시대의 공병장교(군대에서 기동·축성·건설 등을 맡은 장교)인 세바스티앙 르 프레스트르 드 보방Sébastien le Prestre de Vauban, 1633 ~1707 후작이 부르고뉴 지방의 바조슈에 묻혔다가 앵발리드로 이

장되기도 했다. 나폴레옹은 1811년 5월 25일 앵발리드에 600만 프랑(한화로 약 76억 5,924만 원)의 예산을 승인한다.

희대의 영웅, 앵발리드에 잠들다

나폴레옹은 1815년 6월 18일 워털루전투에서 영국·프로이센·오스트리아 연합군에 대패한 후, 이듬해 아프리카 서남쪽 남대서양에 있는 세인트헬레나섬으로 유배된다. 영국은 이미 엘바섬에서 탈출한 적이 있는 나폴레옹이 다시 섬에서 빠져나와 프랑스에서 정권을 잡고 영국과 전쟁을 일으킬 것을 매우 두려워했다. 그래서 나폴레옹을 구조하거나 그가 탈출할 경우를 대비해 군인 2,800명과 대포 500대를 섬에 배치한다. 또 섬 주변 바다에서는 배 11척이 그를 감시하도록 했다. 나폴레옹은 체스와 영어 공부를 하다 1821년 52세의 나이로 쓸쓸히 눈을 감는다.

나폴레옹의 시신은 프랑스의 마지막 왕인 루이 필리프가 영국과 벌인 8년간의 협상 끝에 1840년 12월 15일, 세상을 떠난 지 19년 만에 파리로 돌아왔다. 나폴레옹은 에투알개선문을 지나 콩코르드광장을 거쳐 국장國葬을 치른 뒤 생제롬성당에 안치되었다. 당시 앵발리드엔 적합한 묘소가 지어지지 않았기 때문이다. 21년 후인 1861년 4월 12일, 6겹의 관에 싸인 나폴레옹의 시신은 붉은색 대리석관에 넣어 앵발리드 돔 성당의 지하에 마지막으로 안장되

앵발리드 돔 성당의 지하에 안장된 나폴레옹.

었다.

묘소 입구엔 "나는 내가 깊이 사랑한 프랑스 국민에게 둘러싸여 센강에서 쉴 수 있기를 바란다"는 나폴레옹의 유언이 새겨져 있다. 또 그의 관 주위엔 함께 근무했던 여러 부하 장군과 참모들, 제롬 보나파르트와 조제프 보나파르트 등 나폴레옹 1세의 형제들이 안장되었다. 제1차 세계대전이 발발한 후 프랑스의 모든 전선에서 국가國歌인 〈라마르세예즈La Marseillaise〉가 울려 퍼지자, 이 곡의 작곡가이자 군인인 클로드 조제프 루제 드 릴Claude Joseph Rouget de Lisle, 1760~1836의 유해도 제1차 세계대전 중 일드프랑스 지방의 슈아지르루아의 공동묘지에서 앵발리드로 이장되었다.

히틀러의 성역

제2차 세계대전이 일어난 뒤 프랑스는 전쟁이 시작된 지 6주 만에 독일에 점령당한다. 프랑스 정부의 항복 의사를 전해 들은 히틀러는 22년 전인 1918년 11월, 독일이 제1차 세계대전의 항복 서명식을 거행했던 파리에서 동북쪽으로 70여 킬로미터 떨어진 콩피에뉴의 숲을 항복 장소로 지정했다. 그리고 독일이 패전국으로서 항복 서명을 했던 열차를 끌어와 이 열차의 식당 칸에서 프랑스 정부를 향해 항복 문서에 서명하라고 명령한다.

1940년 6월 22일 프랑스와 독일의 종전 협상이 체결되고, 전투는 6월 25일부로 중단되었다. 6월 28일 새벽 5시 30분, 비행기로 파리에 도착한 히틀러는 건축가 알베르트 슈페어Albert Speer, 1905~1981를 비롯한 수행원들과 점령지인 파리 투어에 나섰다. 히틀러는 파리에 3시간 동안 머물렀는데, 그가 총통 자리에 오른 이후 처음이자 마지막 파리 방문이었다. 『알베르트 슈페어의 기억』이라는 회고록을 펴낸 알베르트 슈페어에 따르면 히틀러는 앵발리드를 방문해 자신이 존경한 인물인 나폴레옹의 묘를 말없이 바라보았고, 파리 여정 중 앵발리드에서 보낸 시간이 길었다고 한다.

같은 해 12월 15일 히틀러는 나폴레옹의 아들인 나폴레옹 2세Napoléon II, 1811~1832의 유해를 앵발리드로 옮길 것을 명령했다. '로마왕'이자 '에글롱aiglon('새끼 독수리'라는 뜻)'이라고 불리는 나폴레옹 2세는 1809년 나폴레옹 1세가 조제핀Joséphine, 1763~

1814과 이혼하고 오스트리아의
황녀 마리 루이즈Marie-Louise,
1791~1847와 재혼하고 난 뒤인
1811년 3월 20일 튈르리궁
전에서 태어난다. 1814년 4월
나폴레옹이 연합국에 패배하
면서 에글롱은 어머니를 따라
서 외가인 오스트리아로 갔다.

이듬해인 1815년, 나폴레
옹이 백일천하(엘바섬에서 빠져
나온 나폴레옹이 파리로 귀환해 제
정을 부활시킨 뒤부터 워털루전투
에서 패해 퇴위할 때까지 약 100일
간의 지배) 때 그에게 '나폴레옹

1832년 뷔셰 레오폴드가 그린 나폴레옹
2세의 초상화.

2세'라는 이름을 부여했으나 프랑스에는 돌아오지 못한다. 결국 에
글롱은 1832년 라이히슈타트 공작으로 지내다 폐결핵으로 21세
에 쇤브룬궁전에서 생을 마감했다. 히틀러의 지시에 따라 나폴레
옹 2세는 다음 날 자정, 오스트리아 빈에서 옮겨져 그의 아버지 곁
에 묻힌다.

히틀러는 훗날 독일 장군들에게 "나는 나폴레옹과 같은 실
수를 범하지 않을 것"이라고 장담했다. 그는 제2차 세계대전 중인
1940년 12월 18일 소련 침공 계획을 작성하라는 총통 명령 21호

를 군부에 하달한다. 그러나 히틀러는 나폴레옹과 같은 운명을 피하고자 모스크바 점령을 미루고 우크라이나로 진격했고, 그 결과 독소전쟁(1941~1945)을 치르다 결국 패하면서 나폴레옹보다 더한 운명을 맞이하고 만다. 나치 독일의 수도는 함락되고 히틀러는 극단적인 선택으로 생을 마감했기 때문이다.

앵발리드는 머무는 군인의 숫자가 점차 줄면서 박물관으로 탈바꿈했다. 1871년에 포병박물관이 설립되며, 1905년엔 포병박물관과 군사역사박물관을 통합해 군사박물관이 만들어진다. 이곳에는 고대부터 현대에 이르기까지 무기와 군사 관련 미술품 및 장식품 등 50만 점이 넘는 소장품이 전시되어 있다.

오늘날 앵발리드는 국가 원수나 주요 군인이 사망하면 국장이나 조문을 거행하는 장소로 사용된다. 아프리카에서 납치된 한국인과 프랑스인 등 4명을 구출하다가 전사한 장병 2명의 장례식을 2019년 5월 14일 이곳에서 치렀다. 향년 86세를 일기로 운명한 자크 시라크Jacques Chirac, 1932~2019 프랑스 전前 대통령의 조문도 같은 해 9월 29일 앵발리드에서 하루 동안 진행되었다. 현재 퇴역군인 100명 정도가 이곳에서 요양 생활을 하고 있다. 앵발리드는 프랑스의 군사적 자부심이자 상징임에 틀림없다.

화려함에 가려진
프랑스의 역사적 순간들

유네스코 세계문화유산으로 등재된 프랑스의 베르사유궁전에 들어서면 마치 왕이 된 듯한 느낌을 받을 정도로 눈앞에 금은보화가 화려하게 펼쳐진다. 수많은 역사가 전개된 베르사유궁전에는 '거울의 방'이 있다. 한 번쯤 들어보았을 법한 역사적인 사건들이 이 방에서 일어났으며, 베르사유조약의 체결이 대표적이다. 처음에 베르사유조약은 평화협정을 위해 맺은 조약이었지만, 독일에만 전쟁의 책임을 완전히 돌리면서 결국 독일을 재기불능 상태로 만들었다. 이 조약은 왜 베르사유궁전 거울의 방에서 체결됐으며, 프랑스는 독일에 어떤 책임을 물었을까?

베르사유궁전의 전경. 이 궁전은 프랑스 절대왕정의 상징으로 알려져 있지만, 근대사에서 중요한 역할을 담당한 장소이기도 하다.

국경을 맞대고 있는 프랑스와 독일, 이 두 나라는 기나긴 세월 동안 크고 작은 전쟁을 벌여왔다. 프랑스와 독일의 이런 전쟁사를 모두 품은 건축물이 있다. 바로 근대사에서 중요한 건축물인 프랑스의 베르사유궁전이다.

베르사유궁전에서는 보불전쟁 이후 1871년 독일 황제 빌헬름 1세Wilhelm I, 1797~1888의 즉위식이 거행된 것은 물론, 제1차 세계대전이 끝난 뒤인 1919년 베르사유조약이 체결되기도 했다. 프랑스와 독일의 자존심 싸움이 결국 전쟁으로까지 치달은 역사가 바로 이곳 베르사유궁전에 흐르고 있다.

프랑스에 빛과 그림자를 모두 안긴 궁전

베르사유궁전은 1624년 프랑스와 나바라왕국의 왕인 루이 13세의 사냥용 별장으로 처음 지어졌다. 그 후 72년이나 왕좌에 앉은 절대왕권의 상징인 태양왕 루이 14세가 자신의 힘을 과시하기 위해 루브르궁전에서 베르사유궁전으로 거처를 옮기게 된다. 베르사유궁전은 1662년 증축하기 시작해 1715년까지 50년 여에 걸친 대공사 끝에 대궁전의 모습으로 변모한다. 이 과정에서 무려 인부 2만 5,000~3만 6,000명이 매년 동원되고, 건축자재로는 이탈리아에서 제작한 고급 대리석, 거울, 양모, 비단 등을 사용했다.

둘레가 20킬로미터에 달하는 베르사유궁전은 바로크건축의 걸작으로 손꼽힌다. 당대 최고의 예술가였던 프랑스 건축가 루이 르 보Louis Le Vau, 1612~1670가 설계하고 정원 조경사인 앙드레 르 노트르André Le Nôtre, 1613~1700가 프랑스식 정원을 만들었으며, 왕실 화가이자 미술이론가인 샤를 르 브룅이 실내를 장식했다. 베르사유궁전은 강렬한 이성주의와 논리적인 미감이 특징이며, 수학과 기하학을 바탕으로 구도에서 절대적인 비례성을 강조한다.

1701년 이아생트 리고가 그린 루이 14세의 초상화.

하지만 베르사유궁전의 축조를 비롯해 수많은 전쟁을 벌임으로써 프랑스의 국가 재정은 루이 14세의 말년에 이미 위기 상황에 봉착한다. 루이 14세는 1688년에서 1697년까지 유럽의 신성로마제국, 네덜란드, 잉글랜드, 에스파냐, 포르투갈, 스웨덴, 사보이아공국 등이 결성한 아우크스부르크동맹과 전쟁을 벌인다.

루이 14세가 1701년부터 1714년까지 참여한 에스파냐계승전쟁(에스파냐의 왕위 계승을 둘러싸고 오스트리아 · 영국 · 네덜란드와 프랑스 · 에스파냐 사이에 벌어진 전쟁)이 끝났을 당시 프랑스의 정부

부채는 20억 리브르(1795년까지 사용한 프랑스의 통화 단위)에 달한다. 이는 18세기 프랑스 정부를 괴롭힌 만성적 재정 악화의 원인이 되었으며 결국 프랑스혁명을 불러오는 계기가 되었다. 프랑스혁명 당시 베르사유궁전은 절대왕정의 전유물로서 약탈과 파괴의 대상이 되기도 했다. 성난 민심이 왕권을 상징하는 곳으로 향한 것이다. 베르사유궁전은 다행히 큰 피해는 면하고 온전히 살아남는다.

프랑스의 마지막 왕인 루이 필리프는 1833년 "프랑스의 모든 영광"이라는 모토로 박물관을 베르사유궁전에 건립하기를 제

베르사유궁전 2층의 왼쪽 건물에 있는 전쟁갤러리의 내부.

베르사유궁전

안했다. 이곳은 왕자들이 사용하던 방들을 1837년 개조해 '전쟁 갤러리'로 만들었으며 프랑스의 역사적인 전쟁을 묘사한 전쟁화를 걸어놓았다. 이 갤러리는 베르사유궁전 2층의 왼쪽 건물에 있고, 길이 120미터와 폭 13미터의 공간이다. 5세기 프랑스의 시초인 프랑크왕국의 클로비스 1세Clovis I, 466~511 시대부터 19세기 나폴레옹 시대까지 그려진 그림 총 33점이 걸려 있다.

프랑스의 왕궁에서 거행한 독일 황제의 대관식

거울의 방은 베르사유궁전에서 중앙 본관의 2층 전체를 차지한다. 이곳은 프랑스의 건축가 쥘 아르두앙 망사르가 설계했으며, 리베랄 브뤼앙이 장식을 담당했다. 형태는 직사각형으로 길이 73미터, 너비 10.4미터, 높이 13미터이며 정원을 향해선 창문 17개, 반대편 벽엔 거울 17개가 달려 있다. 이곳에서 독일제국이 탄생해 반세기도 못 되어 몰락했는데, 이는 프랑스와 독일이 치른 전쟁사의 결과라고 할 수 있다.

　　프랑스혁명 이후 부상한 나폴레옹은 전 유럽을 상대로 전쟁을 벌였다. 프로이센도 예외는 아니었다. 1806년 10월 27일 나폴레옹 1세는 프로이센과의 예나-아우어슈테트전투에서 승리한 후 군대를 이끌고 브란덴부르크문을 지나 베를린성까지 향했다. 당시 나폴레옹에게 당한 굴욕은 프로이센에게 언젠가 풀어야 할 숙제로 남았다. 사람으로 치면 마음속 깊이 새겨진 원한이 아니었을까.

1866년 프로이센-오스트리아전쟁이 끝나자 프로이센과 프랑스 양국은 보불전쟁 준비에 착수한다. 프로이센이 독일 통일을 최대 과제로 삼은 반면, 프랑스는 독일이 통일되어 세력이 커지는 것을 원치 않았기 때문에 전쟁은 불가피했다. 프랑스는 1870년 7월 14일 군대에 동원령을 내리고, 5일 뒤인 7월 19일 전쟁을 공식 선포한다. 프로이센의 총리 오토 폰 비스마르크Otto von Bismarck, 1815~1898는 이 전쟁이 방어 전쟁임을 주장하면서 맞대응했다.

프랑스는 외교적으로 고립되었을 뿐만 아니라 전쟁을 준비하지 않은 상태로 섣불리 선전포고를 했다. 모든 대비를 한다 해도 전쟁의 결과는 알지 못한다. 하지만 준비되지 않은 전쟁의 결과는 불 보듯 자명하다. 1870년 8월 16일 프랑스군은 마르스라투르전투와 그라블로트전투에서 참패한다. 특히 퇴각한 프랑스군은 9월 1일 스당에서 프로이센군에 포위돼 이튿날 항복했다. 프로이센군은 프랑스의 황제 나폴레옹 3세를 포함해 10만 4,000명의 포로를 잡았다. 스당 함락 소식과 함께 파리에서는 혁명이 일어나 제3공화국의 수립이 선포됨으로써 전쟁은 6개월을 더 끌다가 막을 내린다.

이 전쟁으로 많은 국가가 프로이센의 일반참모본부와 같은 기구를 설치했으며 프로이센군은 세계적 명성을 얻었다. 이로써 통일된 독일은 프랑스에서 '유럽 제일의 군사 강국'이라는 지위를 빼앗는다.

1871년 베르사유궁전 거울의 방에서 빌헬름 1세(그림 왼쪽 단상의 중앙에 머리와 수염이 흰 사람)
가 독일 황제에 즉위하고, 독일제국 수립을 선언하고 있다. 그림 가운데 흰 군복을 입은 사람이
독일제국의 수상 비스마르크다.

　　전쟁에서 승리한 프로이센군 사령부는 베르사유궁전에 주둔
했다. 1871년 1월 18일 프랑스의 영광과 자존심을 상징하는 베
르사유궁전 거울의 방에서 프로이센은 종전을 선포하고 독일제국
의 초대 황제인 빌헬름 1세의 대관식을 연다. 이는 순전히 나폴레
옹 1세에게 당한 치욕을 되갚기 위함이었다. 하지만 이 사건은 프

랑스인의 자존심에 상처를 내는 계기가 됐으며, 제1차 세계대전이 끝날 때까지 앙금이 이어진다. '눈에는 눈, 이에는 이'였던 복수가 결국 또 다른 복수를 낳은 것과 마찬가지였다.

제1차 세계대전의 종지부를 찍다

제1차 세계대전은 1918년 11월 3일 독일의 항복으로 끝나고, 그해 11월 11일 오전 11시 휴전 조약이 조인된다. '파리강화회의'는 승전국들이 연합국과 동맹국 간의 평화조약을 협의하기 위해 개최한 국제회의로, 1919년 1월 18일에 시작해 1920년 1월 21일에 종결지었다.

　회의의 가장 큰 결실은 '베르사유조약'이다. 이 조약은 1919년 6월 28일 오전 11시 11분에 베르사유궁전 거울의 방에서 31개 연합국과 독일이 맺은 제1차 세계대전의 평화협정이다. 프랑스가 강력히 주장해 조약 서명 장소를 베르사유궁전 거울의 방으로 선정한 것은 보불전쟁 패배라는 치욕적 역사에 따른 수치심을 씻고 독일에 복수하기 위함이었다. 협약식 직후 프랑스 야전군 총사령관이었던 페르디낭 포슈Ferdinand Foch, 1851~1929 장군은 의장대를 이끌고 에투알개선문을 통해 파리 샹젤리제 거리에서 승전 기념 행진을 벌이고, 이에 파리 시민들은 열광했다.

　베르사유조약은 총 15개 장章에 걸쳐 440개 조항으로 이루어져 있다. 1920년 1월 10일 발효된 이 조약은 국제연맹(제1차 세계대전 후에 설립된 국제평화기구로서 '국제연합'의 전신)의 탄생과 독일 제재에 관한 규정을 포함한다. 이 조약으로 독일은 모든 해외 식민지를 포기하고, 알자스로렌 지방을 프랑스에 돌려줘야 했다. 또 전쟁배상금 1,320억 마르크를 10년 안에 지불하고, 공군과 잠수함을 보유하지 않으며, 육·해군 병력을 10만 명 이내로 제한하겠다는 약속도 하게 된다.

베르사유조약의 목표는 제1차 세계대전 같은 전쟁이 다시는 일어나지 못하도록 항구적인 평화 체계를 구축하는 것이었다. 그러나 이 조약은 전쟁의 책임을 독일에만 전적으로 묻고 군사적·산업적으로 독일을 다시 일어설 수 없는 상태로 만들었다. 이에 대한 반발로 히틀러가 이끄는 나치가 부상하고 또다시 제2차 세계대전이 일어나게 된다. 복수가 복수를 낳아 전쟁이 재발한 것이다.

베르사유조약 체결 후 독일에서는 재건 사업과 배상 문제가 정치적 논쟁거리로 계속 이어졌다. 1929년 독일인들은 전쟁배상금 지급에 반대하는 법 제정을 위해 국민투표를 했고, 그 결과 약 95퍼센트가 이에 찬성하는 결과가 나왔다. 이런 분위기에 편승해 그때까지 군소정당에 불과했던 나치당NSDAP이 급부상했다.

나치당의 지도자인 히틀러는 베르사유조약을 정면으로 거부하면서 독일의 재군비를 추진한다. 결국 이 때문에 1939년 독일이 폴란드를 침공함으로써 제2차 세계대전이 발발하게 된다. 베르사유조약의 공식 원본은 프랑스 외무부 서고에 보관돼 있었으나, 제2차 세계대전 중 독일군이 파리를 점령했을 때 히틀러의 명령으로 빼앗겨 사라졌다.

　오늘날 베르사유궁전은 세계적인 관광지로 관광객이 끊이지 않는 곳이다. 프랑스 대통령은 여러 국가의 지도자와 이곳에서 회의를 개최하기도 하고, 외교 사절 환영회를 열기도 한다. 역사의 한 페이지로 기록된 프랑스와 독일의 전쟁사를 간직한 베르사유궁전에서는 이처럼 평화로운 나날이 계속되고 있다.

나폴레옹의 치욕과
드골의 영광이 공존하다

랑부예성

프랑스 황제 나폴레옹 1세가 오스트리아 황녀 마리 루이즈에게
청혼한 랑부예성을 아는가? 랑부예성은 파리와 가까워 프랑스 대
통령의 여름 휴양지이자 국제회의가 열리는 장소로 우리나라의
청남대를 보는 듯하다. 프랑스 유학생들이 어학연수를 위해 선택
하는 곳으로 꼽히기도 하는 이 지역은 성과 함께 숲과 푸른 잔디밭
이 펼쳐진 공원이 있어 자연 속 휴양지를 찾은 느낌이 든다.

랑부예성 주변에 있는 낙농업 목장의 기둥엔 송아지에게 젖
을 주는 부조가 새겨져 있으며, 마리 앙투아네트Marie Antoinette,
1755~1793 왕비가 우유나 치즈 같은 유제품을 맛보기 위해 만들어

랑부예성 전경. 파리와 가까운 이곳은 풍광이 아름다워 100여 년 동안 프랑스 대통령의 여름 휴양지로 사용되었다.

진 공간이다. 맞은편에 조개껍질로 장식된 초가는 수수한 겉모습과는 달리 화려한 내부를 감추고 있다. 수십 종의 조개와 소라 껍데기만으로 장식된 이곳은 상상할 수 없을 만큼 호화롭고 독특해 실제로 찾아가고 싶은 욕구를 자아내기도 한다. 낭만이 가득한 랑부예성엔 어떤 역사가 깃들어 있는지 알아보자.

프랑스의 수도 파리에서 서남쪽으로 50킬로미터 떨어진 랑부예성은 프랑스 근현대사의 주요 무대다. 이 성은 나폴레옹 1세가 1815년 워털루전투에서 패한 뒤 황제 포기각서에 서명하고 세인트헬레나섬으로 유배를 떠나기 전 마지막 밤을 보낸 곳으로 알려져 있다. 그리고 랑부예성의 서쪽은 프랑스 북쪽 최전방인 노르망디 지역에 인접해 있어, 1944년 연합군의 노르망디상륙작전 이후 드골 장군이 독일에 점령당한 파리를 수복하기 위해 이곳에서 작전 개시를 결정하기도 했다.

14세기에 지어진 이 성은 18세기 루이 16세가 사들여 오늘날의 모습으로 증축한다. 오늘날 프랑스식 정원과 큰 공원으로 둘러싸인 2만 제곱킬로미터(약 6,000만 평)에 달하는 부지에 자리 잡은 이 성은, 1896년부터 2009년까지 프랑스 대통령의 공식 여름 휴양지로 사용됐으며 현재는 프랑스 문화부가 관리하는 유명 관광지 중 하나로 자리매김했다.

시대마다 다른 주인을 섬기다

1368년 샤를 5세Charles V, 1338~1380의 신하인 장 베르니에Jean Bernier, 1362~1384가 랑부예 숲의 해자로 둘러싸인 성을 사들여 1374년에 요새로 탈바꿈시킨 것이 랑부예성의 시초다. 1384년부터는 앙젠 가문이 이 성을 매입해 소유자가 됐지만, 랑부예성은 프랑스와 영국이 프랑스를 전장으로 삼아 벌인 백년전쟁(1337~1453)에 휘말리며 주인이 여러 번 바뀌었다.

1425년 6월엔 영국의 솔즈베리 공작 토머스 몬태규Thomas Montagu, 1388~1428가, 1427년과 1428년엔 영국군이 성을 점령한다. 전쟁 후 15세기 후반에야 프랑스 앙젠 가문의 소유로 되돌아왔는데, 백년전쟁에 건물이 불타고 파괴된 성을 프랑수아 1세 François I, 1494~1547의 신임을 받던 자크 당젠Jacques d'Angennes, 1514~1562이 정원을 넓히고 울타리를 치면서 보수했다.

이 성에선 프랑수아 1세가 1547년 3월 31일 임종을 맞이하기도 했다. 프랑수아 1세는 이탈리아를 정복하고자 신성로마제국의 황제 카를 5세Karl V, 1500~1558와 수차례 전쟁을 벌이며 말년의 레오나르도 다 빈치와 그의 작품 〈모나리자〉를 프랑스로 오게 한 주인공이기도 하다. 1705년 루이 14세가 아들인 툴루즈 백작 루이 알렉상드르 드 부르봉Louis-Alexandre de Bourbon, 1678~1737을 위해 이 성을 사고, 그 후 루이 알렉상드르 드 부르봉이 해자를 없애고 그 자리에 정원과 운하를 설치했다. 그리고 1783년 루이 16세가 이 성을 사들여 파리 근교의 전원도시인 랑부예 숲을 사냥터로 만든다. 1789년부터 1794년에 걸쳐 일어난 프랑스혁명의 격변기 동안엔 다행히도 파리에서 떨어져 있어 파괴되지 않았다.

나폴레옹의 사랑을 받은 성

그 후 랑부예성은 나폴레옹 1세에게 사랑을 받았다. 1804년 황제로 등극한 나폴레옹 1세는 랑부예성을 방문한 후 자신의 거처로 사용하기로 결정한다. 황제는 여러 단계의 공사를 직접 진두지휘했고 산책길도 만들며 정기적으로 이곳에서 생활했다.

1805년 나폴레옹 1세는 건축가 기욤 트레파트Guillaume Trepsat, 1743~1813에게 성을 재건하라고 의뢰한 뒤 자신의 아내인 조제핀과 이혼하게 된다. 이후 1810년 2월 23일 오스트리아의 황제에게 서신을 보내 황녀인 마리 루이즈에게 청혼하고 1811년 5월부터 이 성에서 새로운 신혼 생활을 시작한다.

1811년 나폴레옹 1세와 마리 루이즈 사이에 '로마왕'으로 불리는 나폴레옹 2세가 태어났다. 다음 해 나폴레옹은 아들에게 주기 위해 '로마왕의 궁전'을 건설하도록 지시한다. 하지만 나폴레옹이 이끈 프랑스군이 1812년 러시아원정에 실패한 이후 몰락의 길을 걷고, 1815년 영국·프로이센·오스트리아의 군대로 구성된 연합군에게 파리를 점령당한다. 결국 나폴레옹은 폐위돼 지중

평소 목욕을 즐겼던 나폴레옹 1세가 사용하던 욕실. 나폴레옹의
키는 158센티미터였는데, 욕조의 길이는 160센티미터다.

해 엘바섬으로 유배를 가면서 이 성의 공사는 중단되었다.

1815년 2월 나폴레옹은 엘바섬을 탈출하고 파리에 입성해
다시 권력을 장악한다. 그리고 그해 6월 벨기에의 동남쪽 워털루에
서 12만 5,000명의 프랑스군을 이끌고 영국·프로이센·오스트리
아 연합군에 대항해 전투를 벌이지만 처참하게 패배했다. 나폴레
옹은 랑부예성에서 황제 포기각서에 서명하고 1815년 6월 29일,

성에서 마지막 하룻밤을 쓸쓸히 보내게 된다.

당시 나폴레옹이 사용하던 침실과 욕실에는 여전히 그의 상징인 N자와 일벌 문양이 남아 있다. 나폴레옹은 전쟁터에서도 매일 여러 번 목욕을 즐겼다고 전해지는데, 이 성에서 가장 유명한 장소인 욕실은 로마의 고대도시인 폼페이의 양식으로 고다르Godard가 1809년에 장식했다.

프랑스 왕정복고 이후 루이 18세가 황제로 즉위한다. 루이 18세는 동생인 샤를 10세Charles X, 1757~1836와 함께 랑부예에서 사냥을 즐겼다. 부르봉 왕가의 마지막 왕인 샤를 10세는 1830년 7월 26일 사냥을 마치고 파리로 돌아가다가 혁명이 일어났다는 소식을 듣고 이곳으로 회군했지만, 결국 혁명군들에게 둘러싸여 왕위 포기 문서에 서명하고 만다. 샤를 10세는 그해 8월 3일 유배를 떠나다 해외로 도주했다. 이로써 16세기에 앙리 4세Henri IV, 1553~1610부터 시작된 부르봉왕조는 결국 끝을 맞이했다.

'정오의 방'에서 이룬 파리 수복의 꿈

랑부예성은 제2차 세계대전 때 본격적으로 세계사의 무대에 등장한다. 1939년 9월 1일 독일이 폴란드를 침공하면서 제2차 세계대전이 발발했다. 1940년 6월 독일군이 프랑스군과 1개월 간의 전투 끝에 파리에 입성하면서 프랑스는 독일에 항복하기에 이른다. 이때 샤를 드골 장군은 영국으로 망명해 대독對獨 항쟁을 주장하면서 '자유프랑스민족회의'를 조직했다.

드골은 1912년 생시르육군사관학교를 졸업하고 아라스 지방의 제33보병연대에서 복무한다. 1914년 제1차 세계대전이 발발하자 드골은 대위로 진급해 보병 중대를 지휘하지만, 중상을 입고 독일군의 포로가 되기도 한다. 1922년 모교에서 교관으로 지내다가 페탱의 부관으로 근무하게 된 그는 제2차 세계대전이 일어나자 즉시 참전했고, 제5기갑여단을 이끈다. 드골은 전시戰時 프랑스의 국방장관으로 임명되지만, 독일과 휴전을 모색하던 프랑스 정부는 드골을 해외로 축출했다.

1940년 6월 18일 드골은 영국에서 BBC 라디오를 통해 프랑스 국민에게 나치 독일에 저항하자는 〈6·18 호소문〉을 발표한다. 영국 의회나 각료는 일이 복잡해질 것을 두려워해 이를 중지하려 했으나 영국 총리인 윈스턴 처칠Winston Churchill, 1874~1965의 지시에 따라 방송은 강행되었다. 이 사건 이후 그는 1943년 프랑스의 식민지인 알제리에서 결성된 국민프랑스해방위원회 위원장에 취임해 대독 항쟁을 계속한다. 드골은 뛰어난 정치력을 바탕으로 북아프리카를 포함해 세계 전역에 흩어져 있던 프랑스군에 대한 지휘권을 1944년 3월까지 대부분 회복하게 된다.

1944년 6월 6일 연합군의 노르망디상륙작전이 성공하자 드골은 파리를 되찾기 위해 그해 8월 23일 랑부예성에 도착해 사령부를 설치한다. 주로 식당으로 사용한 '정오의 방'에서 드골은

드골의 파리 수복에 결정적인 역할을 한 랑부예성의 '정오의 방'.

영국으로 후퇴해 전선을 유지했던 자유프랑스군의 제2기갑사단 장인 필리프 르클레르 드 오트클로크Philippe Leclerc de Hauteclocque, 1902~1947 장군을 만나 진군 작전을 수립했다.

르클레르는 프랑스를 벗어나 조국을 탈환하기 위해 해외에서 싸우면서도, 프랑스에 남은 가족들이 나치의 박해를 당할 것을 우려해 본명인 '필리프 프랑수아 마리Philippe François Marie' 대신 '자크 필리프 르클레르Jacques Philippe Leclerc'라는 가명을 사용한 인물이다. 1947년 알제리에서 항공기 추락 사고로 생을 마감한 그는 1957년에 육군 원수로 진급한다. 오늘날 프랑스군이 사용하는 3.5세대 전차인 '르클레르 전차'가 그의 이름을 차용한 것이다.

드골에게 '파리 수복'이라는 특명을 받은 르클레르는 노르망디상륙작전 개시 이후 파리를 거치지 않고 동부전선으로 곧바로 진격하라는 연합군의 명령을 어기고 파리로 진격했다. 그리고 독일군 사령관 디트리히 폰 콜티츠의 항복을 받으며 파리를 탈환하는 데 성공한다. 1944년 8월 25일 드골은 개선장군으로 파리를 수복하고 임시정부를 수립함으로써 프랑스의 주권을 회복했다. 1944년 9월 신新정부는 페탱의 비시 프랑스Vichy France와 그에 따르는 모든 법률을 폐지한다고 선언한다. 그 후 드골은 1958년 제5공화국을 세우고 1959년부터 1969년까지 프랑스의 초대 대통령으로 재임하게 된다.

현재 G8 정상회의의 모태인 G6 정상회의가 1975년 11월 6개국(미국·영국·서독·프랑스·이탈리아·일본)의 정상이 모인 가운데 바로 이곳에서 개최되었다. 세르비아인과 알바니아인 사이에서 대립의 발단이 된 코소보전쟁(1998~1999) 당시엔 미국·영국·프랑스 등의 중재단과 유고·알바니아계 대표가 참석한 코소보평화회담이 1999년 2월 이곳에서 열리기도 했다. 이처럼 랑부예성은 프랑스의 전쟁사가 오롯이 담긴 건축물로 알려져 있다.

슬픈 역사가 된
유럽의 만리장성

─── 마지노선 ───

'결코 물러설 수 없는 상황이나 처지'를 비유적으로 이르는 말인 '마지노선'은 어디서 유래했을까? 제1차 세계대전이 끝난 후 여러 유럽 국가는 인적·물적으로 피해를 보게 되었다. 참혹한 전쟁을 반복하고 싶지 않았던 프랑스는 공격하는 것보다 방어하는 것이 훨씬 유리하다고 결론 내리고, 독일과 맞닿은 국경지대에 군대를 위한 방어시설인 마지노 요새를 세운다. 오늘날 '유럽의 만리장성'이라고 불리는 마지노 요새는 프랑스의 슬픈 역사로 남아 있다. 엄청난 자금과 10년이라는 시간을 투자했음에도 마지노 요새가 본래 목적과는 달리 전쟁을 막지 못하고 무용지물이 된 이유는 마지노선의 외부. 우리에게 같은 이름의 표현으로 친숙한 이곳은 프랑스 전쟁사에서 뼈아픈 장소로 남아 있다.

무엇일까?

프랑스는 제2차 세계대전의 전운이 감돌기 전인 1936년, 독일과의 전쟁을 대비해 국경에 쌓은 긴 요새인 마지노선Maginot Line을 구축했다. 요새의 총 길이는 750킬로미터로 스위스부터 룩셈부르크에 이르는 프랑스와 독일의 국경지대에 대략 5킬로미터마다 설치했다. 당시 프랑스가 가진 축성술을 총동원한 마지노선은 지하 설비와 대전차 방어 시설을 갖춘 난공불락의 요새로 여겨졌다. 하지만 서유럽 최강의 육군을 가진 프랑스는 마지노선 때문에 독일에 단 6주 만에 패배하는 비극을 맞이한다.

프랑스 국방장관의 어떤 제안

독일 히틀러의 나치 정권이 들어선 후 프랑스 군부는 공격이 아닌 방어를 택했다. 그 중심엔 앙드레 마지노André Maginot, 1877~1932라는 인물이 있다. 그는 1913년 36세에 하원 의원으로 국회에 입성했으나 이듬해 제1차 세계대전이 발발하자 부사관으로 자원입대한다. 그리고 1916년 프랑스와 벨기에의 전선인 서부전선에서 가장 거대한 전투인 베르됭전투에 참전한다.

제1차 세계대전에서는 참호전이 주를 이루었다. 참호에 설치한 기관총의 공격으로 불과 몇 미터를 전진하는 과정에서도 수천 명의 피해가 발생했다. 프랑스는 독일군의 공격에 맞서 콘크리

마지노선의 건설을 처음 제안한 프랑스의 국방장관 앙드레 마지노.

트 포대를 사용한 방어진지를 구축한다. 이는 수십만 발의 독일군 포격을 견딜 만큼 강했으나 마지노는 이 전투에서 다리에 총상을 입어 결국 후송된다. 제1차 세계대전 당시 프랑스의 인명 피해는 막심했다. 프랑스의 인구 6,000만 명 중 사망자 130만 명과 부상자 400만 명 이상이 발생했기 때문이다. 특히 프랑스의 18~27세 남성 인구 중 27퍼센트가 전장에서 생을 마감했다.

마지노는 1922~1924년과 1926~1931년 2번에 걸쳐 프랑스 국방장관을 지낸다. 그는 자신의 참호전 경험을 토대로 든든한 방호벽을 만드는 전략이 가장 효과적이라 판단했기 때문에 1926년 독일과의 국경선 일대에 강력한 방어진지를 구축하는 계획을 제안한다. 그는 프랑스의 〈동북국경 축성안〉을 1927년 의회에 제출했는데, 예산 확보 등의 문제로 1929년에야 통과되고, 1930년 본격적으로 공사에 착수한다.

하지만 마지노가 1932년 1월 7일 세상을 떠나면서 수학자 겸 정치가인 폴 팽르베Paul Painlevé, 1863~1933가 이 계획을 실현하게 된다. 마지노는 적의 공세를 알리는 조기 경보와 지연전을 수행할 전초 방어선을 만들고자 했는데, 팽르베는 이를 토대로 더욱 공고한 요새를 짓기로 한다.

히틀러도 넘보지 못한 무적의 요새

마지노의 이름을 딴 마지노선은 1936년 완공되었다. 건설에만 160억 프랑(한화로 약 20조 원)이 들어갔고 유지보수에만 140억 프랑(한화로 약 17조 원) 이상이 들어갔다. 국경을 따라 구축한 장벽에는 142개 요새와 352개 포대, 그리고 5,000여 개 벙커를 설치해 지하로 연결되도록 만든다. 더불어 큰 요새의 경우 병력 1,000명 이상을 수용할 수 있는 규모로 지었다.

마지노선은 전투 공간뿐만 아니라 대규모 병력이 상주해 생활할 수 있도록 통신, 에어컨 등의 전기 장비를 갖추었다. 또 지하 통로와 레일을 통해 이동할 수 있도록 연결했으며 엘리베이터, 에스컬레이터, 탄약 운반 리프트까지 완비되어 있었다. 강철과 콘크리트로 지은 보루의 가장 얇은 벽두께도 3.5미터나 될 정도로, 이 요새는 독일 대포의 420밀리미터 포탄을 한 번, 300밀리미터 포탄을 여러 번 정통으로 맞아도 견딜 수 있도록 설계되었다. 당시 최대의 거포巨砲라 불리는 구스타프나 칼 자주 박격포가 등장하게 된 배경은 마지노선을 뚫으려는 독일의 노력이기도 했다. 당시 히

마지노선 내부의 지휘소를 재현한 모습.

마지노선의 내부.

틀러가 프랑스 침공을 주저하던 이유도 마지노선 때문이었다. 천문학적인 비용과 10년에 가까운 건설 기간을 고려한다면 마지노선은 분명 프랑스에 든든한 존재로 비쳤을 것이다. 그렇게 마지노선은 프랑스 국민에게 '난공불락'이라는 믿음을 심어주었다.

프랑스와 벨기에 사이의 국경에는 정치적 문제로 비교적 단순한 방어선만 구축되었다. 프랑스는 독일이 제1차 세계대전 때처럼 벨기에를 통과해 진격하는 슐리펜계획을 펼치리라고 예상했기에, 독일이 공격을 개시하면 벨기에로 진격하는 전략을 수립했다. 한편 독일은 프랑스의 마지노선에 부담을 느끼고 제1차 세계대전 당시 설치한 힌덴부르크선Hindenburg Line이라는 기존 방어선을, 전쟁을 일으키기 1년 전인 1938년에 추가로 강화했다. 비용과 시간적인 이유도 있었지만, 독일은 프랑스와 달리 보병이 아닌 기갑부대를 감안해 각종 지뢰와 대전차 방어물 위주로 방어선을 구축하면서 전쟁을 준비했다.

난공불락의 요새, 단 하나의 빈틈으로 뚫리다

1939년 9월 독일이 폴란드를 침공하며 제2차 세계대전이 발발했고, 그해 10월 6일 폴란드군이 코크전투에서 패배함으로써 독일의 폴란드 침공은 1개월 만에 막을 내린다. 이제 독일의 다음 목표는 오랜 숙적인 프랑스였다. 프랑스는 육군 92개 사단 중 50개 사단,

병력 80만 명을 마지노선에 배치하며 병력과 화력을 집중한다. 하지만 국민의 신망을 받은 군사 건축물이 한심한 콘크리트 덩어리로 판명 나는 데는 그리 오래 걸리지 않았다.

1940년 5월 10일 새벽 5시 35분, 독일의 히틀러는 에리히 폰 만슈타인Erich von Manstein, 1887~1973 장군이 제안한 '낫질작전 Sichelschnitt'을 펼친다. 당시 기술과 장비로는 아르덴 숲을 돌파할 수 없다고 본 프랑스군 수뇌부와 달리, 전략가 만슈타인과 돌격대장 하인츠 구데리안Heinz Guderian, 1888~1954 장군은 창의적인 작전으로 이를 가능하게 만들었다.

독일의 기갑부대는 룩셈부르크와 벨기에 동부, 프랑스 북부에 걸쳐 있는 고원 삼림지대인 아르덴 숲을 돌파한다. 마지노선 북부인 이곳엔 언덕이 많고 숲이 우거져 프랑스는 약한 방어망을 설치했는데, 독일은 이 빈틈을 노렸다. 독일은 마지노선 전방에 불과 17개 사단만을 배치함으로써 프랑스의 50개 사단을 견제하는 동시에, 그들의 시선을 돌린 것이었다. 결과적으로 이 전략은 독일군에 '신의 한 수'였던 셈이다.

프랑스는 신형 전차 생산과 최신형 항공기 개발에 마땅히 들어갔어야 할 예산과 인력을 마지노선 건설에 대책 없이 쏟아부었고, 그로 인해 프랑스 전차부대는 무전기도 장착하지 않은 구식 탱크로 독일 기갑군단에 맞서야 했다. 그 결과는 불을 보듯 뻔하다.

독일군은 작전 개시 6주 만에 파리에 입성했다. 요새에 갇힌 프랑스군 80만 명은 제대로 싸워보지도 못하고 항복한다. 독

라페르테 요새의 외부. 마지노선에서 독일에 의해 단 한 곳 뚫린 요새가 바로 이곳이다.

일군에 백기를 든 프랑스군은 프랑스의 군사 지도자인 막심 베강 Maxime Weygand, 1867~1965 총사령관을 위시해 장병 200만 명이 독일군의 포로가 되는 치욕을 겪게 된다. 그 무렵 프랑스의 총인구가 3,900만 명 정도였음을 감안하면 실로 어마어마한 포로였다. 결국 1940년 6월 17일 페탱이 휴전을 제의함으로써 6월 22일, 파리 근교에서 프랑스는 항복을 선언하고 만다.

　마지노선은 완공 당시에도 그리 완벽하게 가동되지 않았다. 건설할 때부터 연약한 지반 위에 무거운 콘크리트 구조물을 억지로 올린 곳이 많아 침하가 심했고 지하수 침출 또한 심각했다. 이 때문에 가동한 지 1년 만에 요새 안에 있는 숙사宿舍를 더는 사용할 수 없을 지경이 되자 결국 사용 금지 조치가 내려진다. 이뿐만 아니라 요새에 설치한 화포 상당수도 습기 때문에 제대로 작동하지 않았다.

한편 마지노선에서는 독일에 의해 단 한 곳이 뚫리고 만다. 바로 라페르테La Ferté 요새다. 1940년 5월 19일 독일군 중위 알프레트 게르머Alfred Germer, 1914~1945가 벙커 내부에 던진 폭탄으로 화재가 발생해 연쇄 폭발이 일어나는데, 당시 안에 있던 107명의 프랑스군은 벙커를 지키라는 상부의 명령으로 탈출하지 못하고 전멸했다. 이 일은 '지하의 비극Tragédie Souterraine'이라고 불리며 군인들을 추모하는 기념비가 설치돼 현재 매년 추모행사가 열린다.

'최후의 보루'가 맞이한 허망한 최후

제2차 세계대전에서 별다른 역할을 하지 못한 마지노선은 보수 작업을 거쳐 1970년 이전까지 핵전쟁을 대비한 대피소로 운영되었다. 마지노선 북단인 로렌 지방의 로숑빌레Rochonvillers 요새는 프랑스 제1군이 1981년부터 1998년까지 지휘소로 사용했다. 지금은 프랑스 북동부 지역의 호크발트Hochwald 요새만이 프랑스 공군의 드라첸브론Drachenbronn 기지의 일부로 군사적 기능을 하고 있다.

　마지노선의 실내 온도는 1년 내내 섭씨 12~13도로 유지된다. 이 때문에 많은 요새가 와인 저장고나 버섯 농장으로 개조됐고, 10여 개 요새는 관광지로 바뀌었다. 마지노선은 기존 방식을 고수한 채 변화를 거부해 수많은 군인을 죽게 만들고 독일군에 점령당한 프랑스의 과오를 상징한다. 현재 우리에게 알려진 '최후의 보루'라는 뜻과는 사뭇 다르게 마지노선에서 벌어진 전쟁의 허망한 결과는 여전히 프랑스 전쟁사에서 아픈 부분으로 기록되어 있다.

2장

독일

전쟁이
우리에게
남긴 것들

베를린을 굽어보는
영원한 랜드마크

━━━━✶━━✶━━ 베를린전승기념탑 ━━✶━━✶━━━━

1987년 칸영화제에서 감독상을 수상한 독일 출신의 거장 빔 벤데르스Wim Wenders의 〈베를린 천사의 시〉 촬영지로 유명해진 베를린 전승기념탑을 아는가? 이 기념탑은 탑 꼭대기에 승리의 여신인 빅토리아Victoria상이 프로이센을 상징하는 독수리 투구와 월계관을 들고 있다. 이 기념탑은 프랑스와의 전쟁에서 승리한 것을 나타내기 위해 프랑스를 향하고 있다. 로터리 중앙에 있어 지하도를 통해 안으로 들어갈 수 있는데, 내부에 설치한 285개의 나선형 계단을 올라가면 베를린 시내가 한눈에 보이는 전망대가 나온다.

1989년부터 2006년까지 매년 7월 둘째 주 토요일에는 베

베를린전승기념탑과 그 주변. 티어가르텐의 울창한 숲이 베를린 전체를 폐허로 만든 제2차
세계대전의 폭격에서도 기념탑을 지켜주었다.

를린의 테크노 및 일렉트로니카 음악 축제인 '러브 퍼레이드Love Parade'가 열렸다. 냉전시대의 이미지가 강한 베를린을 평화와 문화의 공간으로 바꾼 이 축제를 즐기기 위해 전 세계에서 참가자가 몰려들었다. 오늘날 베를린에서 가장 유명한 관광 명소인 베를린전승기념탑은 어떤 전쟁에서의 승리를 기념해 만들었을까?

독일의 수도 베를린 티어가르텐Tiergarten에 있는 베를린전승기념탑Berliner Siegessäule은 프로이센이 덴마크와의 슐레스비히전쟁(1848~1851)에서 승리한 기념으로 1864년 착공해 1873년 완성한 석조 기념탑이다. 프로이센은 기념탑을 건립하는 동안 프로이센-오스트리아전쟁(1866)과 보불전쟁에서 잇달아 승리하면서 통일된 독일제국으로 우뚝 섰다. 제2차 세계대전 동안 베를린 곳곳이 폐허로 변했지만, 기념탑은 숲으로 둘러싸여 있어 폭격을 피해 온전히 살아남는다.

독일 통일의 주역, 빌헬름 1세와 비스마르크

19세기에 이르러 독일은 신성로마제국의 영향력이 크게 줄어든 가운데, 프로이센과 오스트리아를 비롯해 크고 작은 영방領邦국가(13세기에 독일 황제권이 약화되자 봉건 제후들이 세운 지방국가)로 분열되어 있었다. 프로이센은 에스파냐계승전쟁에 참여하는 대가로 신성로마제국 황제인 레오폴트 1세Leopold I, 1640~1705에게서

1701년부터 왕국으로 인정받은 나라였다. 프로이센은 북부 독일을 비롯한 게르만족으로 구성된 나라만을 독일 통일에 포함하는 소小독일주의를 내세웠다. 반면 오스트리아는 신성로마제국이 차지하고 있던 영토에 사는 슬라브족, 마자르족, 이탈리아까지 독일에 포함하는 대大독일주의를 주장하고 있었다.

1871년 왕위에 오른 프로이센의 빌헬름 1세는 다음 해 쉰하우젠 출신의 오토 폰 비스마르크를 총리로 등용해 독일 통일의 발판을 놓는다. 러시아와 프랑스 대사를 역임해 외교 수완이 뛰어났던 비스마르크는 "현재의 큰 문제는 언론이나 다수결에 의해서가 아니라 철과 피에 의해 결정된다"고 말해 '철혈재상'으로 불렸다. 또 의회와 대립한 채 병제 개혁을 단행해 독일 통일에 혁혁한 공을 세웠다. 사실 '철혈재상'은 비스마르크의 반대파가 과장하고 왜곡한 말로, 비스마르크는 통일 후 평화주의적 정책으로 평화 유지에 힘쓴 인물이다.

1871년 7월 3일에 촬영한 정수리에 꼬챙이가 달린 투구인 피켈하우베pickelhaube를 쓴 비스마르크.

독일의 통일을 이루려 거듭한 전쟁

덴마크는 제1차 슐레스비히전쟁이 끝난 후 독일 북부의 슐레스비히공국과 홀슈타인공국을 지배하고 있었는데, 비스마르크는 이곳부터 되찾는 데 나섰다.

1863년 11월 13일 덴마크 의회는 새로운 헌법을 통과시킨 뒤 슐레스비히와 홀슈타인 지역을 덴마크에 합병하겠다고 선언한다. 그런데 그로부터 이틀 뒤인 11월 15일 덴마크의 프레데리크 7세Frederick VII, 1808~1863가 서명식을 앞두고 갑자기 사망한다. 비스마르크는 오스트리아와 동맹을 맺고 덴마크를 상대로 1864년 제2차 슐레스비히전쟁을 벌였다. 그해 8월 1일 프로이센의 프리드리히 폰 브랑겔Friedrich von Wrangel, 1784~1877 장군의 지휘 아래 프로이센·오스트리아 연합군은 최신 화력을 앞세워 덴마크에 승리를 거둔다. 그리고 하인리히 슈트락Heinrich Strack, 1805~1880의 설계로 이 승리를 기념하는 베를린전승기념탑을 건축하기 시작한다.

프로이센과 오스트리아는 슐레스비히와 홀슈타인 전 지역의 통제권을 확보해 공동 관리하기로 합의했다. 하지만 오스트리아는 두 공국을 독립 영방으로 독립시켜 자국의 일원으로 만들려고 한 반면, 프로이센은 이 지역을 병합할 계획을 세운다. 양국의 갈등은 결국 전쟁으로 이어지고 비스마르크는 전쟁 전 프로이센에 유리한 국제외교 공작을 전개했다. 프랑스의 중립을 보장받고, 이탈리아와 공수동맹(제3국의 공격에 공동으로 방어와 공격을 하기 위해 맺는 군사동맹)을 맺으며, 프로이센군을 오스트리아령 홀슈타인으로 이동시킨다.

1866년 6월 15일 프로이센-오스트리아전쟁이 시작되었다. 프로이센에는 북부 독일의 17개 영방이 가세하고 오스트리아에는 바이에른과 작센, 뷔르템베르크 등이 가담했다. '7주전쟁'이라고도 불리는 이 전쟁은 프로이센의 참모총장 헬무트 폰 몰트케 Helmuth von Moltke, 1800~1891의 탁월한 작전으로 7월 3일 엘베강 상류에서 벌어진 쾨니히그레츠전투에서 오스트리아와 작센 연합군을 괴멸한다. 그 후 8월 23일 프라하조약이 체결되고 오스트리아가 독일 영방을 탈퇴함으로써 독일 영방은 해체되었다. 이로써 프로이센은 북독일연방을 성립하고 독일 통일의 기초를 확립한 데 이어 1867년 하노버와 근방 지역을 병합한다.

프로이센에 남은 눈엣가시는 프랑스였다. 비스마르크가 독일 통일을 완수하기 위해 오스트리아를 다시 공격하려 하자, 프로이센이 더는 강해지기를 원치 않은 나폴레옹 3세가 오스트리아 편을 들었기 때문이다. 보불전쟁은 프랑스가 먼저 선전포고를 하면서 1870년 7월 19일 시작됐는데, 외교 공작과 군비에서 뒤떨어진 프랑스의 패배로 6개월 만에 막을 내렸다. 1871년 1월 18일 프로이센은 베르사유궁전에서 종전을 선포했다. 프랑스가 패하자 유력한 지원군을 잃은 바이에른과 뷔르템베르크도 프로이센에 굴복함으로써 독일제국이 수립되었다.

'전승' 기념탑의 마지막 아이러니

1864년부터 건축된 전승기념탑은 독일이 통일되는 과정에서 치른 3번의 전쟁을 기념하는 상징물로, 착공 10년 만인 1873년 9월 2일 완공되었다. 20세기 들어 독일에 나치 정권이 들어선 후, 히틀러는 베를린을 '세계 수도 게르마니아Welthauptstadt Germania(베를린 재건축 계획)'로 바꾸려고 계획한다. 1935년 수립해 1943년까지 진행된 이 도시계획의 핵심은 베를린의 중심을 십자 모양으로 가로지르는 광대한 교통축을 건설하는 데 있었다.

이에 따라 국가의회 의사당 앞 광장에 있던 전승기념탑은 1939년 티어가르텐으로 이전된다. 당시 총 높이 60미터에 달하는 기념탑은 해체해 옮기는 과정에서 광택을 낸 붉은색 화강암으로 쌓은 받침대의 너비를 6.5미터 더 넓히고 기둥을 7미터 높여, 바닥에서 꼭대기에 있는 조각상까지 67미터에 이르게 되었다. '황금의 엘제Goldelse'라고 불리는 승리의 여신을 표현한 조각상은 프리드리히 드라케Friedrich Drake, 1805~1882가 로마의 여신 빅토리아를 표현한 것으로 높이 8.32미터, 무게 약 35톤이나 된

베를린전승기념탑의 꼭대기에 있는 '황금의 엘제'.

베를린전승기념탑 인근에 있는 비스마르크 국립 기념물. 가운데에 비스마르크의 동상이 우뚝
솟아 있다.

다. 4면의 기단에는 덴마크·오스트리아·프랑스전쟁에서의 승리와 1938년 히틀러의 오스트리아 함락을 기념하는 조각이 장식돼 있다. 탑 내부엔 나선형 계단 285개가 있어 전망대까지 오를 수 있고, 탑 주변엔 프로이센의 통일을 이룬 주역인 비스마르크, 몰트케, 알브레히트 폰 론Albrecht von Roon, 1803~1879의 동상이 서 있다.

기념탑을 건설하는 동안 3번의 전쟁을 모두 승리로 장식한 독일은 운이 다했는지, 아이러니하게도 이후 일어난 제1·2차 세계대전에서는 모두 패하고 만다. 제2차 세계대전 말기인 1945년 5월 8일 독일이 항복했을 때 베를린은 미국과 영국, 소련 등 연합군의 폭격과 시가전의 여파로 거의 모든 것이 파괴된 상태였다. 하지만 기념탑은 시가전 당시 작은 총격과 포격으로 탄흔이 남았을 뿐, 폭격을 받지 않아 온전히 보존된다. 당시 소련군과 함께 싸운 폴란드군은 1945년 5월 2일 전승기념탑 상단에 폴란드 국기를 세우기도 했다.

2008년 7월 24일엔 미국 대통령 후보였던 버락 오바마Barack Obama가 이곳에서 연설을 했는데, 과거 독일군의 승리를 상징하는 장소라는 점 때문에 논란이 일기도 했다. 2010년부터 1년간 약 430만 유로(한화로 약 58억 원)를 들여 보수한 베를린전승기념탑은, 오늘날엔 평화와 화해를 기원하는 반전反戰 기념비 역할을 하고 있다.

수도 한복판에 우뚝 솟은
지붕 없는 교회

카이저 빌헬름 기념교회

제2차 세계대전 중 공습으로 종탑만 남은 채 회복 불가능할 정도로 파괴된 카이저 빌헬름 기념교회는 구관과 신관으로 나뉜다. 이곳에는 교회의 옛 모습과 현재의 모습을 축소한 작은 모형이 있는데, 이것을 보면 제2차 세계대전을 거치며 옛 베를린의 모습은 거의 사라졌음을 알 수 있다. 이 교회는 파괴된 부분을 그대로 보존하면서 우리에게 전쟁이 다시는 일어나서는 안 된다는 메시지를 전해준다.

베를린 거리를 돌아다니다 보면 만세를 외치는 귀여운 곰돌이 모양의 조각상들이 보인다. '버디 베어Buddy Bear'라는 이름을

카이저 빌헬름 기념교회의 외관. 제2차 세계대전 당시 폭격을 맞아 부서진 지붕이 그대로 남아 있다.

가진 이 곰돌이들은 전 세계에 평화의 메시지를 전하려는 취지로 기획되었다. 기부금을 모으기 위해 캠페인과 전시회를 열기도 하는 버디 베어의 상징적인 의미를 생각하면서 또 다른 방식으로 평화를 말하는 카이저 빌헬름 기념교회의 이야기를 만나보자.

독일은 제1·2차 세계대전과 크고 작은 전쟁을 일으킨 전범 국가라 해도 과언은 아니다. 독일에는 과거사에 대한 반성으로 다시는 전쟁을 되풀이하지 않기를 염원하는 건축물이 곳곳에 남아 있다. 그들에겐 트라우마를 유발하거나 외관상 보기 좋지 않은 건축물이라도 역사의 흔적인 것이다.

독일의 수도 베를린에 있는 카이저 빌헬름 기념교회가 대표적인 건축물이다. 제2차 세계대전 당시 폭격으로 파괴됐지만 전쟁의 참혹함을 전하기 위해 복원하지 않고 그대로 남겨두었다. 교회 내부는 폭격 전의 모습이 담긴 사진을 비롯해 전쟁과 관련된 유물들을 전시한 박물관으로 이용되고 있다. 또 전 세계에서 전쟁의 위기가 고조될 때마다 평화주의자들이 이곳에서 시위를 벌인다.

베를린에서 가장 눈에 띄는 건축물

15세기 브란덴부르크제국의 수도로 출발한 베를린은 18세기 초 프로이센왕국, 19세기 후반 독일제국의 수도였다. 제2차 세계대전 이후 폐허가 된 베를린은 프랑스의 르 코르뷔지에Le Corbusier,

1887~1965 등 유명 건축가들에 의해 현대적 도시로서의 면모를 갖추며, 20세기 들어 유럽 최대의 도시로 성장한다.

독일 최대의 번화가인 베를린 브라이트샤이트광장 중앙의 쿠담 거리 초입에서 가장 눈에 띄는 건축물은 카이저 빌헬름 기념교회다. 독일제국의 마지막 황제이자 제1차 세계대전의 주역이었던 빌헬름 2세Wilhelm II, 1859~1941가 독일 통일의 위업을 이룬 자신의 할아버지 빌헬름 1세를 기념하기 위해 지었다.

교회의 외관으로는 공모를 통해 바우아카데미 소속인 프란츠 슈베츠텐Franz Schwechten, 1841~1924의 신로마네스크양식을 적용한 디자인이 채택된다. 그는 2,000명이 들어갈 수 있는 응회암(화산재가 굳어 만들어진 암석)으로 교회의 본당을 짓고 113미터 높이의 종탑을 세웠다. 카이저 빌헬름 기념교회는 빌헬름 1세의 생일인 1891년 3월 22일에 착공해 1895년 9월 1일 완공된다. 당시 미완성 상태였던 중앙 현관은 1906년 2월 22일에야 축성되었다.

1891년 에밀 훈텐이 그린 빌헬름 1세의 초상화.

영국 공군이 폭격하기 전인 1939년 촬영한 카이저 빌헬름 기념교회. 가장 높은 113미터 높이의 첨탑은 사진으로만 남아 있다.

빌헬름 1세는 프로이센의 왕이자 독일제국 초대 황제의 자리에 오른 인물로 1862년 비스마르크를 수상으로 등용해 병제 개혁을 단행하는 등 독일을 유럽 제일의 강대국으로 만들었다. 그는 1864년 덴마크와의 전쟁에서 승리하고 1866년 오스트리아를 격파해 북독일연방을 조직했으며, 1870~1871년 프랑스와의 전쟁에서 대승을 거둔다. 또 1871년 1월 18일 베르사유궁전에서 독일제국 최초의 황제로 즉위하기도 했다.

1888년 빌헬름 1세가 타계한 후 프리드리히 3세Friedrich III, 1831~1888가 새 황제로 즉위하지만 후두암으로 3개월 만에 운명한다. 이후 빌헬름 2세가 황위를 이어받지만 그는 독일 통일의 주역이었던 비스마르크와 사사건건 충돌했다. 결국 비스마르크는 1890년에 사직하면서 "이런 식으로 가면 내가 떠나고 15년 후엔 파멸이 올 것"이라고 경고한다.

비스마르크가 퇴임한 뒤 독일은 빌헬름 2세의 정책을 취하면서 독선적인 제국주의 국가로 변모해간다. 그러자 영국·프랑스·러시아 간의 동맹관계인 삼국협상이 이루어지고 1907년 독일은 외교적으로 완전히 고립돼 양면전쟁(한 국가가 2개 이상의 국가와 전선을 형성해 전쟁을 벌이거나 대치하는 것) 위협에 처하기에 이른다. 빌헬름 2세는 비스마르크의 말처럼 1914년 8월에 참전한 제1차 세계대전에서 결국 패하고 만다.

대공습으로 처참히 파괴된 베를린의 얼굴

영국 공군은 제2차 세계대전 당시 1940년 독일 공군의 영국 대공습에 대한 보복으로 베를린에 폭격을 가한다. 베를린은 1918년 기준 374만 8,148명이 살던 독일 최대의 도시로 연합군의 주요

영국 공군의 대규모 공습 이후 피해를 입은 베를린 시내의 모습. 사진 한 가운데 있는 카이저 빌헬름 기념교회를 비롯해 쿠담 거리에 있는 건물 곳곳이 파괴된다.

표적이었다. 그래서 1940년부터 1945년까지 베를린은 영국과 미국, 소련의 공군에게서 300회 넘게 공습을 받았다.

영국 공군은 1943년 11월부터 1944년 3월까지 약 5개월 간 벌어진 베를린전투로 베를린에 대규모 공습을 16번 감행한다. 그중에서도 아서 해리스Arthur Harris, 1892~1984가 공군 폭격 사령부를 통해 명령한 공습은 독일의 심장부인 베를린을 폭격해 독일 인들의 사기를 떨어뜨리기 위함이었다. 영국 공군은 베를린의 대공방어를 강화하지 못하도록 다른 독일 도시들도 주요 목표로 삼아 독일 전역에 폭격을 가한다.

하지만 카이저 빌헬름 기념교회를 비롯해 베를린 시가지를 파괴하는 과정에서는 엄청난 사상자가 나올 수밖에 없었다. 이때 베를린 시민 4,000여 명이 사망하며 1만 7,000여 명이 부상당했다. 그래서 베를린 공습이 과연 적절했는지를 두고 영국이 복수심에서 일으킨 것이라는 주장도 제기된다. 1944년부터 1945년까지는 영국과 미국 공군이 베를린에 공습을 펼치고 전쟁 말에는 소련 공군이 공습에 참여했다.

카이저 빌헬름 기념교회는 1943년 11월 22일부터 23일까지 벌어진 영국 공군의 공습으로 건물 대부분이 파괴되고 첨탑 일부와 예배당 입구의 중앙 현관만 남긴 채 반파되었다. 특히 높이 113미터의 꼭대기에 달린 종탑은 폭파되어 71미터 높이까지만 남았고, 교회 내부 천장의 모자이크 장식도 폭격으로 벗겨지거나 지워졌다.

평화의 경고비가 된 '깨진 이'

종전 후 1956년엔 카이저 빌헬름 기념교회를 다시 짓기로 하고 공모전을 진행했다. 그 결과 독일의 유명 건축가 에곤 아이어만 Egon Eiermann, 1904~1970의 설계가 채택된다. 그는 붕괴 위험을 안은 종탑을 허물고 새로 짓는 안을 내놓았다. 그러나 전쟁의 참상을 후대에 알리기 위해 종탑을 그대로 보존해야 한다는 시민들의 목소리가 점차 커졌다. 이를 수용해 베를린에서는 평화와 화합의 상징으로서 제2차 세계대전의 참혹함을 기억하고, 다시는 전쟁을 하지 말자는 의미로 교회를 보수하지 않고 원래대로 두기로 결정했다.

1959년부터 1963년까지 카이저 빌헬름 기념교회를 둘러싸는 신관 4개가 세워진다. 육각형의 종탑과 팔각형의 신新예배당은 독특한 벌집 모양으로 설계된다. 새 교회는 지름 35미터, 높이 20.5미터로 신도를 1,000명 이상 수용할 수 있도록 만들었다. 종탑에는 보불전쟁의 전리품인 프랑스 대포로 주조한 청동종 6개를 매달았다. 파손된 첨탑을 그대로 유지한 기념교회의 1층엔 기념관을 짓고, 폭격 전의 교회와 주변 건물을 그대로 재현한 모형을 비롯해 교회의 옛 모습과 파괴된 모습을 사진으로 전시하고 있다.

스테인드글라스는 프랑스 예술가 가브리엘 루아르Gabriel Loire, 1904~1996가 샤르트르대성당에서 영감을 얻어 파란색을 주조로 하고 빨간색, 녹색, 노란색 등으로 구성해 제작했다. 새 교회는 옛 교회의 종탑과 묘한 앙상블을 이루는 까닭에 베를린 사람들은 '파우더와 립스틱'이라는 애칭으로 부르기도 한다.

옛 교회는 새 교회 건물과 함께 독일의 문화재로 지정되었다. 2007년엔 건물의 노후화와 지하철이 지나가면서 교회가 무너질 위기를 고발하는 언론 보도로 기념교회를 보존하기 위해 대대적으로 모금 캠페인을 펼친다. 베를린시와 시민들의 적극적인 참여로 모은 420만 유로(한화로 약 55억 원)로 2011년부터 2013년까지 2년 반 동안 대규모 보수공사가 이루어졌다.

현재 베를린 사람들은 교회를 간단하게 'KWG Kaiser-Wilhelm-Gedächtniskirche'라고 하거나 생긴 모양을 빗댄 애칭인 '깨진 이' 또는 '썩은 이'로 부르기도 한다. '기념교회'를 의미하는 독일어 단어 'Gedächtniskirche(게데히트니스키르헤)'에서 'Gedächtnis(게데히트니스)'의 의미는 '기억'이다. 오늘날 기념교회가 기억하는 대상은 빌헬름 1세가 아니다. 전쟁이 끝난 후 제2차 세계대전의 참상을 기억하는 것이다. 카이저 빌헬름 기념교회는 제2차 세계대전의 폭격으로 입은 전쟁의 상처를 고스란히 드러내며 '평화의 경고비' 역할을 톡톡히 해내고 있다.

단순한 공간,
단순치 않은 슬픔

—————•—×—•————— 노이에 바헤 추모기념관 —————•—×—•—————

성모 마리아가 죽은 그리스도를 안고 있는 모습을 표현한 〈피에
타〉는 이탈리아의 예술가 미켈란젤로의 3대 조각품 가운데 하나로
우리에게 잘 알려져 있다. 하지만 미켈란젤로의 〈피에타〉보다 더
절절하게 마음을 울리는 작품이 있다.

　　바로 원본의 4배로 크게 제작한, 독일의 표현주의 미술가 케
테 콜비츠Käthe Kollwitz, 1867~1945의 〈죽은 아들을 안은 어머니〉
로, 이 역시 〈피에타〉라고 불린다. 같은 이름을 가졌지만 콜비츠의
작품을 보았을 때, 더 애처롭고 마음이 뭉클해지는 이유는 무엇일
까? 콜비츠의 기구한 인생사가 스민 〈피에타〉가 있는 독일의 노이

에 바헤 추모기념관으로 함께 떠나보자.

브란덴부르크문에서 베를린성까지 나 있는 베를린의 운터 덴린덴Unter den Linden 거리엔 독일의 근현대사를 품은 건축물이 늘어서 있다. 그중에서도 홈볼트대학교와 독일역사박물관 사이에 있어 독일의 전쟁 희생자를 추모하는 국립기념관 '노이에 바헤 Neue Wache'는 눈여겨볼 만한 장소다.

이곳은 1818년 군사 건축물로 지어져 전쟁사에 따라 용도가 바뀌었다. 제1차 세계대전이 끝나고 1931년부터는 전몰장병을 위한 추모관으로 사용하다가 독일 분단 후 동독 시절에는 파시즘과 군국주의 희생자의 기념관으로 쓰인다. 독일 통일 이후인 1993년부터는 독일에서 일어난 모든 전쟁과 독재에 희생된 이들을 추모하는 공간이 되었다.

베를린의 심장부를 지켜온 '새로운 경비대'

1798년 프로이센의 프리드리히 빌헬름 3세Friedrich Wilhelm III, 1770~1840가 운터덴린덴 거리 인근에 거주하며 이곳에 베를린 왕궁이 생기자, 바로 앞의 경비대 막사를 비롯해 주변 건물의 재건축이 논의되었다. 당시 포병 부대가 관할하고 있었기에 '포병 경비대'라고 불리던 경비대 막사는 왕궁을 경비하는 시설로는 적합지 않다는 평가를 받았다. 그래서 건축가 하인리히 겐츠Heinrich Gentz,

노이에 바헤의 외관. 이 건축물은 여러 역사적 사건을 거치며 본래와는 다른 용도로 쓰이는
운명을 맞는다.

1766~1811는 1806년 이 지역을 미화美化하는 계획을 제안하지만 프로이센이 나폴레옹과의 예나-아우어슈테트전투에서 패배하면서 무산된다.

노이에 바헤는 독일의 건축가 카를 프리드리히 싱켈Karl Friedrich Schinkel, 1781~1841이 1815년 나폴레옹과의 전쟁에서 얻은 승리를 기념하는 겸 왕실 경비대를 위해 지은 건축물이다. 이 건물은 1816년부터 건립해 1818년 9월 완공됐으며, 정방형의 석조 건축물로 외부의 도리아식 기둥과 주랑 현관(건물 입구 앞에 기둥이 있는 현관 또는 신전이나 교회, 기타 건물에 부속된 지붕이 덮인 출입구), 부조로 장식된 낮은 삼각형 지붕 등으로 전형적인 고전주의양식을 표방한다. 또 숙소와 무기고, 구금 시설 등을 갖추고 건물 주변에는 나폴레옹과의 전쟁에서 승리를 거둔 주역인 게르하르트 폰 샤른호르스트Gerhard von Scharnhorst, 1755~1813와 베른하르트 폰 뷜로Bernhard von Bülow, 1849~1929 장군 등의 조각상이 설치돼 있다. 그래서 베를린 시민들은 '새로운 경비대'라는 뜻으로 이 건물을 '노이에 바헤'라고 부르게 되었다.

노이에 바헤는 막사 입구에 위병을 배치해 매일 정오에 위병 교대식을 진행하고 군사적으로 중요한 행사가 열리는 공간으로 활용된다. 특히 전승 기념 행진의 중심 구간으로 1864년 덴마크, 1868년 오스트리아를 상대로 거둔 승리를 기념하는 행진은 운터 덴린덴 거리 초입에서 시작해 노이에 바헤를 거쳐 왕궁에 이르는 '승리의 길'을 따라 거행되었다. 1871년 보불전쟁에서 이긴 승리를 기리는 전승 기념식에서는 파리저광장에 위치한 브란덴부르크 문에서 행진을 시작해 노이에 바헤를 경유하기도 했다.

1871년 프로이센이 독일을 통일한 이후 노이에 바헤는 제1차 세계대전이 발발하기 전까지 왕궁 경비라는 본연의 용도보다 정치적 행사는 물론, 외교적 의례와 축제를 위한 장소로 쓰인다. 1897년 빌헬름 1세의 100세 생일 행사, 1901년 프로이센왕국의 건국 200주년 기념행사, 1913년 빌헬름 2세의 즉위 25주년 기념행사 등이 이곳을 중심으로 이루어졌다. 또 1900년에 오스트리아 황제, 1913년에 영국왕 부부가 베를린을 방문했을 때는 외국 정상 환영 행사의 중심지가 되기도 한다.

'추도 시설'이라는 새로운 역할을 부여받다

제1차 세계대전 당시 베를린 지역의 동원 명령(1914년 8월 1일)과 해산 명령(1918년 11월 11일)이 이곳에서 하달되었다. 종전 후에 노이에 바헤의 새로운 활용 방안으로 카페와 은행, 전쟁기념관으로 전환하자는 등 여러 제안이 나왔으나 이곳은 사용하지 않은 채 빈 건물로 남아 있었다. 전쟁 발발 10주년인 1924년부터 이에 대한 논의가 다시 시작되고 1929년 오토 브라운Otto Braun, 1872~1955 총리가 제1차 세계대전 전몰장병을 위한 추도 시설로 바꾸기를 제안한다. 마침내 독일 정부가 실시한 공모에서 건축가 하인리히 테세노Heinrich Tessenow, 1876~1950의 개축안이 선정되었다.

하인리히 테세노는 창문을 비롯해 보조 출입문은 모두 벽돌로 막고 지붕에만 둥근 창을 만들어 자연광이 들어오게 설계한다. 이로써 정면에 출입구만이 남아 건물 내부는 추도라는 목적에 걸맞게 엄숙한 공간이 형성되었다. 내부 공간의 정중앙에는 1.67미터 높이의 화강암으로 된 검은 정사각형 제단이 설치되고 이 제단 위에 금과 은으로 만든 떡갈나무관이 놓인다. 1931년 6월 8일엔 개소식이 거행돼 오토 브라운 총리와 파울 폰 힌덴부르크Paul von Hindenburg, 1847~1934 대통령, 빌헬름 그뢰너Wilhelm Groener, 1867~1939 국방장관 같은 군부의 장성들이 참석했다. 이때 '세계대전의 전몰장병을 위한 추도 시설'이라는 역할이 이 건축물에 부여되었다.

1933년 히틀러의 나치당이 정권을 잡은 후 그들은 노이에 바헤를 정치적으로 활용한다. 병사들의 죽음을 찬미하거나 나치 군대를 찬양하는 의식에 이용하는 방식으로 말이다. 그러나 제2차 세계대전 때는 베를린 공습으로 노이에 바헤도 심하게 파괴되면서 건축물 일부가 무너지고 내부가 불타버렸다. 이곳은 1945년 소련군에게 점령된 후 동독의 영토가 되지만, 동독은 파손된 건축물을 복구하지 않고 수년간 방치한다. 연합군의 폭격을 그대로 보여준다는 의미에서였다. 1948년에는 내부에 보관하던 떡갈나무관이 도난당하기도 했는데 이후 서베를린에서 발견돼 베를린 노이쾰른에 있는 릴리엔탈 묘지에 안치되었다.

1945년 제2차 세계대전 당시 베를린 공습으로 내외부가 파괴된 노이에 바헤.

　　동독은 1950년대 초부터 건물 복구에 착수해, 1956년 9월 부터 노이에 바헤를 '파시즘과 두 세계대전의 희생자를 위한 상기 기념물'로 재건하기 시작했다. 재건 작업은 1962년 5월 1일에 종료돼 내부엔 화강암 제단만이 남게 되었다. 그 후 동독은 건국 20주 년을 맞은 1969년에 건축가 로타어 크바스니차Lothar Kwasnitza, 1929~1983에게 노이에 바헤를 개축하도록 지시했다. 내부에 설치 한 화강암 제단은 철거하고 "무명 저항자"와 "무명 병사"라고 새 긴 금속판을 나란히 두어, 공간의 한가운데엔 희생자를 상징하는 '영원한 불'을 설치한다. 또 그 앞엔 무명용사와 레지스탕스의 묘 를 안치했다. 1990년 독일이 통일되기까지 이 모습은 큰 변화 없이 유지된다.

케테 콜비츠가 형상화한 전쟁의 슬픔

독일이 통일되고 나서 3년이 지난 후 1993년 1월 27일 헬무트
콜Helmut Kohl, 1930~2017 총리는 노이에 바헤를 독일 국립 추모관
으로서 전쟁과 압제의 희생자들에게 헌정하리라는 결정을 발표
했다. 동독의 흔적을 지우고 1931년 당시의 모습으로 복원하되,
내부엔 화강암 제단과 월계관 대신 독일의 예술가 케테 콜비츠의
〈죽은 아들을 안은 어머니〉 조각상을 원본의 높이인 38센티미터
에서 152센티미터로 4배나 키운 복제품으로 설치하겠다는 내용
이었다. 콜비츠가 1938년에 제
작한 이 조각상은 그녀가 겪은
시련과 슬픔, 고통이 담겼으며
성모 마리아가 죽은 아들을 무
릎 위에 안고 있는 형상과 비슷
해 〈피에타〉라고도 불린다.

    독일의 화가이자 판화가
이며 조각가인 콜비츠는 사회
적 약자들의 삶, 도시의 열악한
현실, 전쟁의 참상 등을 깊은 공

Käthe Kollwitz,
die Malerin und Radiererin, das erste weibliche
Mitglied der Akademie der Künste.
Phot. Hofferichter.

1919년에 촬영한 케테 콜비츠.

감과 연민의 시선으로 다양한 작품에 담아낸 예술가다. 제1차 세계대전 당시 최소 입대 연령은 21세였는데 18세였던 그녀의 둘째 아들 페터는 입대를 원했다. 그러자 전쟁의 참상을 제대로 알지 못한 콜비츠는 남편을 설득해 아들의 입대를 허락한다. 그러나 군에 입대한 그녀의 아들은 불과 열흘 만에 플랑드르에서 전사하고, 그후 손자도 제2차 세계대전에 참전해 러시아에서 사망하고 만다. 그렇게 콜비츠는 제1차 세계대전 때인 1914년엔 아들을, 제2차 세계대전 때인 1942년엔 손자를 전쟁으로 잃는다.

그녀는 전쟁으로 가족을 잃고 견딜 수 없는 슬픔과 죄책감으로 괴로워하며 남은 일생 동안 반反나치와 반전을 외치는 작품을 만들었다. 콜비츠는 전쟁이 격화되자 베를린을 떠나 피란길에 올랐고, 그녀가 살던 집은 베를린 폭격으로 파괴되고 불타면서 작품도 함께 사라진다. 전쟁으로 많은 아픔을 겪은 그녀는 작센공 에른스트 하인리히의 집에 머무르다, 전쟁이 종식되기 16일 전인 1945년 4월 22일에 안타깝게도 눈을 감았다.

사실 콜비츠의 조각상이 제1차 세계대전과 관련됐기 때문에 제2차 세계대전의 희생자들을 추모하기엔 적절치 않다는 비판도 일었다. 또 나치의 강제수용소에서 희생된 유대인, 동성애자, 공산주의자, 집시 등의 죽음을 설명하기 어렵다는 의견도 제기되었다. 하지만 독일 정부는 추도 시설 건립을 강력히 추진했고, 노이에 바헤가 정상적으로 기능하게 되면서 점차 이 비판은 힘을 잃는다.

노이헤 바헤의 내부. 뚫린 천장에서 내리쬐는 한 줄기 빛이 전쟁으로 아들을 잃은 어머니의
슬픔을 비추는 듯하다.

희생자들을 끌어안는 단순성의 공간

1993년 4월부터 11월까지 노이에 바헤의 개축이 진행되었다. 건물 좌우에 있던 장군 조각상 2개는 전쟁 희생자를 추모하는 차원에서 적절치 않았기에 베를린의 다른 장소로 옮겨진다. 그리고 건물 내부의 바닥엔 검은색 대리석으로 만든 정사각형의 평평한 판을 설치하고 그 위에 콜비츠의 조각을 놓았다. 콜비츠의 조각을 떠받치고 있는 검은색 대리석 평판엔 "전쟁과 압제의 희생자들에게"라는 문구를 새겼으며, 건물 입구엔 노이에 바헤가 추도 대상으로 삼는 희생자 집단의 목록을 배치했다.

이곳에서는 1993년 11월 14일 독일의 민족 추도일에 개소식이 열린다. 현재 2,500명 이상이 매일 노이에 바헤 추모기념관을 찾는다. 건물 내부로 들어가면 텅 빈 공간에 콜비츠의 조각상 하나만 덩그러니 놓여 있다. 뚫린 천장으로 들어오는 약간의 빛만이 조각상을 비출 뿐 아무런 장식이나 조명도 없다. 맑은 날엔 한 줄기 빛만이 동상을 밝힌다. 조각상의 어머니는 웅크린 채 죽은 아들을 온몸으로 끌어안고, 천장의 작은 구멍으로 내리는 비와 눈을 맞으며 오늘도 전쟁에서 희생된 모든 이를 기리고 있다.

격동의 현대사를
말없이 증언하다

국내 최정상의 음악가들이 해외의 낯선 도시에서 거리공연에 도전하는 TV 프로그램인 〈비긴어게인3〉를 본 적 있는가? 방송에선 우리에게 익숙한 가수들이 독일 브란덴부르크문 근처의 공원을 배경으로 거리공연을 열어 시청자들에게 이곳에 대한 궁금증을 유발했다.

수많은 전리품을 약탈한 나폴레옹의 이야기를 기억하는가? 브란덴부르크문을 장식하는 승리의 쿼드리가quadriga(청동 말 4마리가 이끄는 2륜 전차상) 또한 나폴레옹이 약탈한 전리품 중 하나다. 브란덴부르크문의 가운데 통로는 왕족이나 특별한 신분을 가

브란덴부르크문의 전경. 문 앞엔 파리저광장이 펼쳐져 있다.

진 자만이 지날 수 있었던 엄격한 공간이었다. 이곳은 한때 총을 든 군인들의 적개심으로 가득했다. 하지만 오늘날에는 언제 그랬냐는 듯이 신분 제약과 엄숙한 분위기는 사라지고 관람객들이 자유롭게 사진을 찍는 관광지로 변했다. 특히 파리저광장 쪽에서 브란덴부르크문 왼쪽에 보이는 '고요의 방'이라 불리는 공간은 자신의 인종, 종교, 국적 등에 구애받지 말고 쉬었다 가라는 의미에서 만들어진 장소로, 밖에서 다른 관람객들이 떠들어도 들리지 않게 설계되었다. 브란덴부르크문에는 독일의 분단부터 통일까지 어떤 역사가 서려 있을까?

베를린에는 동·서독으로 갈라져 분단과 냉전을 거쳐온 독일의 현대사가 곳곳에 배어 있다. 하지만 우리가 베를린에서 과거의 흔적을 찾기 힘든 이유는 제2차 세계대전 때 연합군의 공습으로 도시 대부분이 파괴돼 새로 지은 건물이 많기 때문이다. 그래도 독일에는 현대 전쟁사를 그대로 품은 건축물이 있다. 바로 베를린 파리저광장 앞에 있는 브란덴부르크문이다. 이 문은 거대한 사암으로 지은 신고전주의양식의 개선문이다. 브란덴부르크문은 독일에서 매우 유명한 랜드마크 중 하나로 독일에서 주조하는 50센트짜리 유로화에도 새겨져 있다.

독일의 수도에 우뚝 선 평화의 상징

독일은 종교개혁(1517)과 30년전쟁(1618~1648)이 원인이 되어 신성로마제국 아래 크고 작은 나라 수백 개로 1,000년을 이어왔다. 독일 안의 여러 나라는 이해타산에 따라 연합하고 갈등하며 역사를 써왔고, 프로이센도 독일의 통일을 꿈꾼 연방 국가 가운데 하나였다.

독일 동부에 자리한 베를린은 지정학적으로 유럽의 중심이라 일컬어진다. '베를린Berlin'이라는 지명이 문헌에 본격적으로 등장한 시기는 12세기 말부터 13세기 초지만, 주목을 끌기 시작한 시기는 18세기부터다. 1734년 지금의 에스토니아의 수도 탈린 인근이자 러시아 국경 부근인 쾨니히스베르크(현재의 칼리닌그라드) 출신의 프리드리히 빌헬름 1세Friedrich Wilhelm I, 1688~1740가 브란덴부르크를 프로이센왕국으로 승격하고 베를린을 수도로 지정했다.

브란덴부르크문은 프로이센의 프리드리히 빌헬름 2세Friedrich Wilhelm II, 1744~1797가 선왕이 이룩한 업적을 과시하고 평화를 상징하고자 건축가 칼 고트하르트 랑한스Carl Gotthard Langhans, 1732~1808에게 짓도록 명해서, 1788년부터 축조돼 1791년 완공되었다. 랑한스는 아테네의 아크로폴리스로 들어가는 관문인 프로필라이아Propylaia(열주문)를 참고해 브란덴부르크문을 건립했다. 이 문의 높이는 26미터, 가로는 65.5미터, 세로는 11미터로,

브란덴부르크문 꼭대기에 설치된 에이레네와 그녀가 이끄는 쿼드리가.

도리아양식의 기둥 12개가 받치고 있다. 문의 통로는 5개다. 왕족이나 특별한 신분을 가진 이들만이 중앙 통로를 통과할 수 있었고, 일반 시민은 양쪽의 2개 통로로만 이동할 수 있었다. 이렇게 신분에 따라 각기 다른 통로를 이용해야 하는 규정은 제1차 세계대전이 끝날 때까지 유지되었다.

　　1793년 문 꼭대기에 조각가 요한 고트프리트 샤도Johann Gottfried Schadow, 1764~1850가 평화의 여신 에이레네Eirene와 그녀가 끄는 쿼드리가를 조각했다. 쿼드리가는 전쟁을 거치면서 놓이는 방향이 여러 번 바뀌었다. 최초의 쿼드리가는 평화를 기원하며 동쪽을 바라보고 있었지만, 19세기 후반엔 독일의 서쪽에 있는 프랑스 군대를 이기겠다는 의미로 서쪽을 향하도록 했다. 제2차 세계대전이 끝난 후엔 평화의 의미로 쿼드리가를 다시 동쪽으로 돌려놓았지만, 독일이 분단된 후 동독은 서독을 향해 있다는 이유로 또다시 쿼드리가를 서쪽으로 바꾸어 놓는다.

나폴레옹과 히틀러도 지나간 대표 개선문

브란덴부르크문을 세운 뒤 전쟁에서 승리하고 나서 이 문을 처음으로 통과한 인물은 다름 아닌 나폴레옹이다. 1805년 2월 2일 나폴레옹은 오스트리아를 아우스터리츠전투에서 이긴 후, 10월 14일 프로이센과의 예나-아우어슈테트전투에서도 승리를 거둔다.

1806년 10월 27일 나폴레옹은 군대를 이끌고 브란덴부르크문을 지나 베를린 궁전까지 행군하는 것도 모자라 루브르박물관에 쿼드리가를 전리품으로 가져갔다. 하지만 1813년 나폴레옹이 라이프치히에서 프로이센에 패배한 후, 1814년 프로이센의 에른스트 폰 퓌엘Ernst von Pfuel, 1779~1866 장군이 쿼드리가를 되찾아 온다.

쿼드리가에는 프로이센의 프리드리히 빌헬름 3세가 나폴레옹군을 물리치고 승리한 것이 기록돼 있다. 승리의 여신과 프로이센의 상징인 독수리가 함께 있고 여신이 들고 있는 긴 창에는 자랑스러운 참나무 잎으로 둘러싸인 철십자 깃발과 훈장이 달려 있다.

브란덴부르크문이 있던 광장은 본래 '사각형'이라는 뜻의 '피어에크Viereck' 광장이었으나 나폴레옹을 폐위한 기념으로 프

1810년 샤를 메니에가 그린 〈베를린으로 입성하는 나폴레옹〉.

랑스의 '파리Paris'를 뜻하는 '파리저Pariser' 광장으로 바뀐다. 또 프로이센은 보불전쟁에서 프랑스에 승리한 후 베르사유궁전에 입성해 나폴레옹에게 당한 굴욕에 통쾌하게 복수했다.

　　이후 브란덴부르크문은 개선문 역할을 맡아 전쟁에서 승리한 프로이센이나 독일군이 반드시 지나가는 장소이자 군대의 강인함을 표현하는 상징이 된다. 제1차 세계대전이 끝난 후 독일군은 이 문에서 개선식을 열었다. 비록 패망했지만 영토를 잃지 않았다는 이유에서다. 1933년 집권한 히틀러의 나치 정권은 전쟁에서 승리할 때마다 행군하는 군사들에게 이 문을 지나가도록 한다.

전 세계를 감동시킨 명연설

제2차 세계대전 말기에 베를린은 연합국의 공습과 시가전으로 무참히 파괴되었다. 브란덴부르크문 역시 온통 잿더미로 변했으며 기둥 곳곳이 총알과 포탄 파편으로 손상된다. 쿼드리가에서는 말 3마리의 머리가 훼손되었다. 이는 종전 이후 1956년부터 약 1년 동안 복원되었다.

브란덴부르크문의 운명은 냉전시대를 맞아 크게 요동친다. 독일의 항복을 받아낸 연합국은 1945년 8월 2일 체결된 포츠담 협정에 따라 베를린을 4구역으로 나눈다. 베를린은 동서로 분단돼 동베를린은 독일민주공화국(동독)에, 서베를린은 독일연방공화국(서독)에 편입된다. 이로써 동·서 베를린의 경계에 있는 브란덴부르크문은 동독이 세운 검문소 8개 중 하나로 독일 분단과 냉전을 최전선에서 상징하는 관문이 된다. 독일 분단 시절에도 일반인들이 동·서 베를린을 왕래하는 것이 가능했지만, 1961년 베를린장벽이 세워지면서 허가받은 사람만이 이 문을 통해서 왕래할 수 있었다. 이로 인해 브란덴부르크문은 분단된 독일을 상징하는 문이 되었다.

이 시기에 미국 대통령들은 브란덴부르크문 앞에서 펼친 연설에서 자유주의를 강조하며 평화의 문을 열라고 목소리를 높인다. 사실상 동독의 배후라고 할 수 있었던 소련을 겨냥하려는 의도였다. 1963년 6월 미국의 존 F. 케네디John Fitzgerald Kennedy, 1917~1963 대통령은 브란덴부르크문 근처를 방문했다. 케네디는 이곳에서 〈나는 베를린 시민이다Ich bin ein Berliner〉라는 명연설로 독일인들에게 용기와 희망, 자긍심을 심어준다. 이때 소련은 감추고 싶은 비밀이라도 있었는지 케네디가 브란덴부르크문과 동독 쪽을 제대로 볼 수 없게 하려고 대형 현수막으로 가려 방해했다는 일화가 전해진다.

이후 1987년 미국의 로널드 레이건Ronald Reagan, 1911~2004 대통령이 브란덴부르크문을 방문해 당시 소련의 미하일 고르바초프Mikhail Gorbachyev 서기장에게 베를린장벽의 철거를 제안하며 〈이 장벽을 허무시오Tear down this wall〉라는 유명한 연설을 남긴다. "고르바초프 총서기장님, 당신이 평화를 간구한다면, 당신이 소련과 동유럽에 번영을 간구한다면, 당신이 자유화를 간구한다면, 여기 이 성문으로 오시오. 고르바초프 씨, 이 성문을 열어젖히시오. 고르바초프 씨, 이 장벽을 무너뜨리시오."

'금단의 문'에서 '평화의 문'으로

1989년 11월 9일, 약 10만 명의 인파가 브란덴부르크문 앞에 운

1989년 11월 10일, 서독 시민들이 브란덴부르크문 앞 베를린장벽에서 장벽이 열리는 순간을
목격하고 있다.

집한 가운데 베를린장벽이 허물어지고, 전 세계는 서독과 동독이 하나가 되는 장면을 지켜본다. 1989년 12월 22일 서독의 헬무트 콜 총리가 브란덴부르크문을 지나 동독의 한스 모드로Hans Modrow 총리와 역사적인 악수를 나눈다. 모드로 총리는 연설을 통해 "전쟁의 불타는 악취는 이곳에 더는 없다. 브란덴부르크문은 평화의 문이어야 한다"고 선언한다. 이로써 분단과 냉전의 상징이었던 이 문은 다시 평화의 상징이 된다.

독일 통일 후 브란덴부르크문은 2000년 12월부터 2002년 10월까지 500만 유로(한화로 약 70억 원)를 들여서 완전히 복원되었다. 이곳은 2009년 열린 베를린 세계육상선수권대회의 마라톤과 경보 경기에서 출발점과 결승점이었으며, 2014년엔 독일의 축구 국가대표팀이 브라질 월드컵 우승 기념식을 연 장소가 되기도 했다.

2019년을 기해 브란덴부르크문을 둘러싸고 있던 베를린장벽이 무너진 지 어느덧 30주년이 되었다. 1989년 11월 9일에 장벽이 무너지고 통일이 이루어졌지만 장벽이 있던 자리에는 분단의 아픔과 희생자들의 넋이 곳곳에 남아 있으며, 통일의 후유증은 독일에서 아직까지도 사라지지 않고 있다. 장벽은 무너졌지만 독일의 기틀이 된 프로이센의 상징이자 독일의 분단과 냉전, 통일을 상징하는 브란덴부르크문은 지금도 묵묵히 그 자리를 지키는 중이다.

전쟁으로 얼룩진
독일 건축의 걸작

—————◆ 하이델베르크성 ◆—————

독일의 하이델베르크를 대표하는 여행지인 하이델베르크성은 다녀온 사람들이 푸니쿨라를 타고 가기를 추천할 정도로 높은 지대에 있다. 성까지 걸어 오르다 보면 하이델베르크 시내의 붉은 지붕들이 한 폭의 그림처럼 눈앞에 펼쳐지고, 많은 관광객이 사진을 찍으며 추억을 남긴다.

이 성의 배럴 빌딩 지하실에는 무려 22만 리터나 되는 술이 들어가는 거대한 술통이 있다. 그 옆엔 관람자가 가까이에서 살펴볼 수 있도록 계단을 설치해 어마어마한 크기를 실감할 수 있다. 또 건물 내부에는 와인과 커피를 마실 수 있는 카페가 있다. 힘들 하이델베르크성의 전경. 아름다운 외관과 달리, 이 성에는 전쟁의 상흔이 깊게 아로새겨져 있다.

게 올라온 고성인 하이델베르크성에서 아름다운 풍경을 바라보며 와인 한 잔을 들고 이곳의 역사를 음미해보는 건 어떨까?

독일 서남부 바덴뷔르템베르크주에 있는 대학 밀집 도시로 유명한 하이델베르크에 30년전쟁의 참상을 고스란히 보여주는 고성인 하이델베르크성이 있다. 30년전쟁은 1618년부터 1648년까지 유럽에서 펼쳐진 종교전쟁이다. 로마가톨릭교를 지지하는 국가들과 개신교를 지지하는 국가들 사이에서 벌어진 이 전쟁에서는 독일이 주요 전장이었다. 종교전쟁으로 시작해서 영토전쟁으로 끝난 전쟁은 인류 역사상 매우 잔혹한 전쟁 중 하나로 기록돼 있으며, 독일 전체가 황폐해지고 사망자 수는 무려 800만 명에 달한다.

13세기에 지어진 하이델베르크성은 30년전쟁 때 양 진영에 점령당하면서 심각한 피해를 입었다. 복원 작업을 다 마무리하기도 전에 팔츠계승전쟁('아우크스부르크동맹전쟁' 또는 '9년전쟁', 1688~1697)에 휘말리면서 성 대부분이 파괴되고 19세기에 이르러서야 일부 복원이 이루어진다. 이 성은 독일에서는 드물게 중세의 건축물로 현재까지 보존돼 있다.

13세기에 지은 '신성한 산'

독일 지명에 자주 등장하는 '부르크burg'는 '요새'나 '성'이고, '베

르크berg'는 '산' 또는 '산맥'을 가리킨다. '하이델베르크Heidelberg'
는 '신성한 산'이라는 뜻으로 성은 도시를 동서로 가로지르는 네
카어강 동남단에 있는 쾨니히스툴산 남쪽 기슭에서 해발 80미터
에 있다. 이 건축물엔 적의 공격을 막기 위해 깊이 20미터의 해자,
해자를 건너는 도개교(큰 배가 밑으로 지나갈 수 있도록 위로 열리는 구
조로 만든 다리), 적의 침입을 감시하는 종탑, 루트비히 5세가 세운
높이 52미터의 성문탑, 현재 무너진 상태로 높이가 33미터인 화
약탑과 감옥탑 등 여러 탑과 최대 두께가 7미터나 되는 크고 작은
궁전이 있다. 이 성의 전체 면적은 기록이나 문서로 정확히 남아
있지 않다.

건립 시기는 호헨스타우펜 가문이 하이델베르크성을 중심으
로 한 팔츠Pfalz(독일 서남부에 있던 옛 지명, 신성로마제국의 연방 국가)
지역을 소유하고 선제후(신성로마제국에서 독일 황제를 뽑는 권한을 가
진 제후)가 되었다고 명시된 1155년이라고 몇몇 문서를 통해 유추
해볼 수도 있다. 하지만 정확한 정보는 아직 밝혀지지 않았다. 하
이델베르크성은 1225년 요새로 축조해 1294년 2개의 성으로 확
장되고, 현재 위치보다 더 높은 산허리에 세워진 위쪽 성은 안타깝
게도 1537년 벼락을 맞아 파괴된다.

이 성에서는 14세기부터 17세기까지 수 세기에 걸쳐 증개축
이 반복됐으며, 초기에 건설된 궁전 중에서 루트비히관과 오토 하
인리히관은 르네상스양식으로 꾸며졌다. 또 외곽과 보루 등의 요
새는 중세 후기 서유럽에서 일어난 고딕양식과 로마네스크양식

으로, 마지막으로 건설된 프리드리히관은 바로크양식 등 여러 양식이 혼용된 웅장한 사암 건축물로 완공된다. 1607년 완공된 프리드리히관은 하이델베르크성에서도 가장 아름다운 건물로 손꼽히며 여행자들이 가장 즐겨 찾는 곳으로 알려져 있다.

프리드리히관 지하에 있는 '그로세 파스'.

이 성에서 가장 유명한 명물은 프리드리히관 지하에 있는 큰 술통으로 '그로세 파스Große Fass'라고 불린다. 이것은 1751년 카를 테오도어Karl Theodore, 1724~1799 선제후의 명으로 전쟁과 기근 등을 대비한 물 저장고로 만들었다. 떡갈나무 130그루로 만든 술통은 길이 8.5미터, 높이 7미터에 이를 만큼 거대하며, 저장 용량은 22만 1,726리터에 달해 기네스북에 '세계에서 가장 큰 술통'으로 등재돼 있다.

수난의 시작, 30년전쟁

1517년 독일의 신학 교수인 마르틴 루터Martin Luther, 1483~1546에

의해 유럽에선 종교개혁이 일어났다. 17세기 초는 로마가톨릭교를 믿는 구교파와 개신교를 믿는 신교파의 갈등이 여전한 시기로, 1618년 구교를 믿는 보헤미아(오늘날의 체코 지역)의 왕이자 신성로마제국의 황제인 페르디난트 2세Ferdinand II, 1578~1637가 신교파의 종교적 자유를 보장했던 칙령을 취소한 것이 30년전쟁의 도화선이 되었다. 이에 1619년 보헤미아 의회는 페르디난트 2세 대신 팔츠의 선제후인 프리드리히 5세Friedrich V, 1596~1632를 왕으로 내세우고, 이를 계기로 30년전쟁이 본격화된다.

이 전쟁 동안 하이델베르크성은 양 진영의 공격을 받아 점령당하면서 심각한 피해를 입었다. 특히 프리드리히 5세는 여왕 엘리자베스 스튜어트Elizabeth Stuart, 1596~1662를 위해 1619년 바로크양식의 팔라틴 정원Hortus Palatinus(마법의 정원)을 짓는다. 이 정원은 적용된 조경기술이 뛰어나 당시 '세계의 8번째 불가사의'라는 평을 받았으나 전쟁 동안 대부분 파괴되었다.

1622년 5월 6일 틸리 백작 요한 체르클라에스Johan't Serclaes van Tilly, 1559~1632가 이끄는 신

1634년 헤라르 반 혼토르스트가 그린 프리드리히 5세의 초상화.

자크 푸키에르가 그린 1620년경 하이델베르크성의 정원. 30년전쟁을 겪으며 대부분 파괴되었다.

성로마제국과 가톨릭 동맹의 군대가 빔펜전투에서 신교파 군대를 무찌르고 1622년 9월에 하이델베르크성을 점령한다. 프리드리히 5세는 공식 퇴위했고 구교파의 수장인 바이에른 공작 막시밀리안 1세Maximilian I, 1573~1651가 팔츠의 선제후가 되었다. 이후 1630년 대엔 신교 파가 대반격을 시작한다. 스웨덴군이 1633년 5월 5일 하이델베르크시를 점령하고 성에 불을 지르자, 구교파는 항복하고 성을 넘겨준다. 이듬해 구교파는 성을 다시 탈환하려고 했으나 프랑스가 스웨덴을 지원하면서 결국 실패로 돌아갔다. 이후에도 몇 번의 공방전으로 주인이 여럿 바뀌고 성은 계속 파괴된다. 마침내 1648년 베스트팔렌조약(독일의 30년전쟁을 끝마치기 위해 1648년에 체결한 평화조약)으로 종교전쟁은 신교파의 승리로 끝났으며 이곳에서의 전쟁도 일단락되었다.

바람 잘 날 없었던 성의 역사

1649년 다시 팔츠 선제후가 된 프리드리히 5세의 아들인 카를 루트비히Karl Ludwig, 1617~1680는 부서진 하이델베르크성을 그대로 사용할 수 없어 1650년 재건하기 시작한다. 새 선제후는 자신의 딸을 프랑스의 왕 루이 14세의 동생이었던 필리프 도를레앙 Philippe d'Orléans, 1640~1701에게 시집보내 세력을 안정시키려 하지만, 오히려 그의 사후에 분란이 일어났다. 선제후의 후계자가 없자 루이 14세는 필리프 도를레앙의 아내이자 카를 루트비히의 딸인 엘리자베트 샤를로트Elisabeth Charlotte, 1652~1722에게 상속권이 있다고 주장했고, 이것이 통하지 않자 프랑스군을 이끌고 독일 지역을 침공한다. 이것이 팔츠계승전쟁이다.

    루이 14세의 프랑스군은 1689년 하이델베르크성을 점령했지만 전투는 실패로 끝났고, 프랑스군은 그해 3월 2일 성을 떠나면서 곳곳에 불을 지른다. 이듬해에 재정비를 마친 프랑스군은 하이델베르크에 3년간 공격을 퍼부어 도시를 쑥대밭으로 만들었다.

또 프랑스군은 1693년 성에 진입해 3년간의 공격으로도 파괴하지 못한 성벽과 성탑을 화약으로 폭발시켜 폐허로 만든다. 이때 본래 세워져 있던 감시탑도 파괴돼 1718년 둥근 아치형 입구로 교체되고, 팔츠계승전쟁은 1697년 9월 네덜란드에서 레이스베이크조약을 체결하면서 종결됐다.

1720년 선제후 카를 3세 필립Charles III Philip, 1661~1742이 가까운 만하임에 바로크양식의 새 왕궁인 만하임성을 건설함으로써 하이델베르크에서 만하임으로 정부를 옮긴다. 1750년대에 선제후 카를 테오도어는 하이델베르크성과 도시를 재건하며 만하임성에서 다시 하이델베르크성으로 정부를 이전할 계획을 세웠다. 하지만 1764년 6월 24일 번개로 화재가 발생해 일부 재건된 부분까지도 파괴되면서 하이델베르크성은 재건을 포기한 상태로 버려진다. 또 시민들이 집을 짓겠다며 폐허가 된 성에서 쓸 만한 돌이나 자재를 가져가는 바람에 성의 수난은 계속되었다. 그야말로 설상가상이 아닐 수 없었다.

파괴도 지우지 못한 성의 아름다움

1838년 하이델베르크성을 방문한 프랑스의 대문호 빅토르 위고는 유적지가 된 이곳의 터를 산책하길 즐겼다고 전해진다. 그는 "이 성은 유럽을 뒤흔든 모든 사건의 피해자가 돼왔으며 지금은

하이델베르크성에 남아 있는 파괴된 성채.

그 무게로 무너져 내렸다. 루이 14세가 성에 큰 타격을 입혔다”고
지인들에게 보내는 편지에서 하이델베르크성의 훼손에 대한 감회
를 남겼다. 반면 미국 소설가 마크 트웨인Mark Twain, 1835~1910은
1880년 이 성을 둘러보고 “세상의 모든 다이아몬드를 뿌려놓은
듯 아름다운 곳”이라고 『유럽 방랑기A Tramp Abroad』에 적었다.

1890년엔 성 재건 위원회가 구성되어 온전한 상태로 이 성을 재건하는 것이 기술 부족과 경제적으로 합리적이지 않을 뿐만 아니라 여론에 부합하지 않음을 확인한다. 그 뒤 파괴된 성의 외부는 기존의 형태로 보존해두고 불에 탄 내부만 복구공사를 벌여 지금의 모습이 되었다. 1900년대 이래로 하이델베르크는 국제적인 관광 명소가 되어 많은 관광객이 다녀간다.

하이델베르크는 1386년 세워진 독일 최초의 대학인 하이델베르크대학교가 있는 학문의 도시로, 경제나 산업의 중심 도시가 아니었기 때문에 제2차 세계대전 때 연합국의 폭격을 온전히 피했다. 이 도시는 전쟁이 막바지로 치닫던 1945년 3월 30일, 미군이 유럽 주둔 총사령부를 설치한 이후 2011년까지 주독駐獨 미군의 거점이 되었다. 매년 세계 각국에서 관광객 300만 명이 하이델베르크성을 찾는다.

2016년 12월 독일 관광청이 세계 여행자들을 대상으로 조사한 독일의 인기 관광지에서는 함부르크에 있는 '미니어처 원더랜드'에 이어 하이델베르크성이 2위로 꼽히기도 했다. 성은 외부가 많이 파괴되고 훼손된 모습을 그대로 보여주며 지금까지도 전쟁의 참상을 오롯이 전해주고 있다.

부서진 벽돌로 되찾은
귀중한 유산

드레스덴 성모교회

노란빛이 도는 독일 드레스덴 성모교회엔 중간 중간에 검은빛이 나는 돌들이 박혀 있다. 왜 그럴까? 이는 제2차 세계대전 폭격 당시 무너진 벽돌을 시민들이 보관하고 있다가 교회를 복원할 때 사용했기 때문이다. '시민들이 복원한 건축물'이라 불리는 드레스덴 성모교회에서는 화려한 공연과 연주, 예배 등이 진행되며, 높이가 높아 전망대에 올라가면 시야를 방해하는 건물 없이 확 트인 드레스덴의 전경을 볼 수 있다. 그런데 아름답기만 한 이곳에도 전쟁의 아픔이 서려 있다.

독일 동부 작센의 주도主都인 드레스덴은 엘베강을 끼고 있엘베강에서 바라다보이는 해 질 녘의 드레스덴. 가운데 멀리 드레스덴 성모교회의 돔이 보인다.

는 데다 아름답고 유서 깊은 건축물들이 자리 잡아 '엘베강의 피렌체'라고 불린다. 하지만 이곳은 제2차 세계대전 말기인 1945년 2월 영국과 미국 등 연합국의 융단 폭격으로 도시의 90퍼센트 이상이 잿더미가 되었다. 18세기에 지어진 드레스덴 성모교회 역시 앙상한 벽체 조각만 남은 채 모두 파괴된다.

동독 정부는 연합군의 참상을 알리기 위한 목적으로 성모교회를 복원하지 않고 45년 넘게 폐허로 방치했다. 1990년 독일이 통일된 후 복원을 시작해 독일뿐만 아니라 전 세계 20개국에서 성금을 보탠다. 참혹한 전쟁의 기억을 간직한 잔해에서 수습한 벽돌 약 3,800개가 재사용되었다. 2004년엔 외벽 복원을, 2005년엔 내부 복원이 완료된다. 카이저 빌헬름 기념교회가 과거사 반성의 흔적으로 '평화의 경고비' 역할을 한다면, 드레스덴 성모교회는 '드레스덴의 재건'과 '전쟁 반대'를 상징한다.

문화와 예술의 도시에 세워진 화려한 건축물

'드레스덴Dresden'은 '강변 숲에 사는 사람들'이라는 뜻을 가진 고대 소르브어(독일 동부, 슈프레강 상류 지역에서 쓰인 언어) '드레즈다니Drežďany'에서 유래했다. 이곳은 작센의 선제후이자 폴란드의 왕이었던 아우구스트 2세Augustus II, 1670~1733가 18세기 바로크 문화를 꽃 피운 도시다. 드레스덴은 당시 뛰어난 도자기 제조로 이

드레스덴 성모교회의 외관. 벽 곳곳에 박힌 검은 벽돌은 교회의 잔해에서 수습해 다시 사용한 것들이다.

름을 날린 덕분에 유럽 각지의 미술품이 모여들어 아름다운 문화
예술의 도시로 칭송받았다. 아우구스트 2세 시절엔 츠빙거궁전과
드레스덴의 일본식 궁전, 타셴베르크궁전, 필니츠성, 드레스덴대
성당 등 호화롭고 웅장한 건축물을 많이 세웠다.

아우구스트 2세는 왕이 되고 싶은 꿈을 이루기 위해 개신교
에서 가톨릭으로 개종하면서 강한 권력욕을 보였다. 하지만 드레
스덴 시민들까지 개종에 동참할 필요는 없었다. 시민들은 더 근사

드레스덴 성모교회의 내부.

드레스덴 성모교회

한 개신교 교회를 지어 신앙을 지키겠다는 의지를 보였는데 그 산물이 바로 성모교회다. 성모교회는 11세기에 로마네스크양식의 가톨릭 성당으로 지었는데, 16세기 종교개혁을 거치며 개신교 교회로 바뀌었다. 드레스덴 시민들의 뜻에 따라 건축가 게오르게 베어George Bähr, 1666~1738가 새 교회의 설계를 맡아 1726년부터 1743년까지 공사를 진행했다.

1만 2,000톤이 넘는 사암을 활용해 바로크양식으로 지은 성모교회의 폭은 41.96미터, 길이는 50.02미터다. 이곳의 특징은 지지하는 기둥 없이 지어진 석조 돔으로, '돌로 만든 종Steinerne Glocke'이라는 별칭도 붙었다. 1736년 고트프리트 질버만Gottfried Silbermann, 1683~1753이라는 명인이 설치한 파이프 오르간은 그해 12월 1일, 요한 제바스티안 바흐Johann Sebastian Bach, 1685~1750가 음악회를 열어 연주하기도 했다. 오르간은 전쟁 당시 소실됐으며 성모교회 앞에는 종교개혁운동을 이끈 마르틴 루터의 동상이 있다.

논란 속에서도 끝내 파괴된 견고함

드레스덴은 1806년부터 1918년까지 작센왕국의 수도였다. 이곳은 슐레지엔(현재의 폴란드 남서부 지역) 영유를 둘러싸고 유럽 대국들이 둘로 갈라져 싸운 7년전쟁(1756~1763) 중 프로이센군이 점령한다. 특히 1760년 드레스덴은 프리드리히 2세Friedrich II,

1712~1786가 이끄는 프로이센군의 포위 공격으로 막대한 피해를 입었다. 당시 프로이센군은 포탄 100여 발을 성모교회의 석조 돔에 발사했지만 끝내 무너지지 않아 이 건축물은 견고함을 인정받는다. 하지만 성모교회의 앞날에는 제2차 세계대전 때 연합군의 드레스덴 폭격이 기다리고 있었다.

20세기에 드레스덴은 독일에서 7번째로 큰 도시이자 공장과 주요 산업체 127개가 있는 통신과 제조업의 중심지였다. 이 때문에 제2차 세계대전 기간 중 연합군의 공격 목표가 된다. 1945년 2월 13일에서 15일까지 영국 공군 소속 폭격기 722대와 미국 육군 항공대 소속 폭격기 527대가 드레스덴으로 출격해 고성능 폭탄과 소이탄을 3,900톤 이상 투하했다. 폭격과 폭탄에서 생성된 열기로 도시 전체에 화염 폭풍이 형성된다. 이 때문에 드레스덴의 90퍼센트가 파괴되고 무고한 민간인 약 2만 5,000명이 사망한다. 또 집이 15만 채 이상 파괴되고 츠빙거궁전, 작센의사당 등도 완파되었다. 처참하게 무너진 드레스덴의 풍경은 이루 말할 수 없이 참혹했다.

성모교회는 이틀간 벌어진 연합군의 폭격을 견뎌냈지만, 공습 셋째 날 떨어진 소이탄이 일으킨 섭씨 1,000도가 넘는 불길을 버티지 못했다. 결국 교회는 2월 15일 오전 10시 폭발하듯 주저 앉았다. 이는 건물 전체를 이루는 사암이 열에 취약했기 때문이다. 독일의 최종 항복을 14주 남겨놓고 실시한 이 공습은 히틀러의 런던 침공에 대한 보복으로 이루어진 작전으로, 과연 이러한 조치가

드레스덴 폭격 이후인 1965년, 동독에서 폐허로 방치된 드레스덴 성모교회.

타당했는지를 두고 제2차 세계대전 중 가장 큰 논란을 일으켰다.

　　나치의 선전장관인 파울 요제프 괴벨스Paul Joseph Goebbels, 1897~1945는 "드레스덴에 군수공장이 하나도 없다"며, 사상자를 20만 명으로 부풀리는 방식으로 연합군의 비인도적인 처사를 비난했다. 영국 일각에서도 이 공습에 도덕적인 문제를 제기한다. 영국 의회에서도 이를 추궁했으며, 심지어 윈스턴 처칠조차 폭격의 필요성에 의문을 표했다. 이 때문에 한동안 전승국인 영국의 정치인과 왕이 드레스덴을 방문할 수 없었다.

수많은 노력의 조각이 재건을 이끌어내다

제2차 세계대전에서 패전국이 된 독일은 소련군이 진주한 동독과 서방 연합군이 진주한 서독으로 분할 통치되면서 1949년 분단된 다. 드레스덴은 동독의 영토가 되고, 동독 정부는 폐허가 된 교회를 방치해 연합군의 만행을 보여주는 상징으로 이용했다. 동독 정부 는 교회 터를 밀어버리고 주차장으로 쓰려고 했지만, 드레스덴 시 민들이 완강하게 항의해 이를 철회했다. 드레스덴 시민들은 폐허 가 된 교회에서 잔해를 골라내 재건의 희망과 의지를 새기듯 번호 를 매겨 보관하면서 언젠가 성모교회가 재건되는 날을 준비했다.

교회의 복원은 독일이 통일되기 한 해 전인 1989년 12월 19일 서독의 헬무트 콜 총리가 성모교회 앞에서 "역사적 순간이 허용한다면 내 목표는 한결같이 우리 민족의 통일"이라고 한 연설 이 계기가 된다. 1990년 독일 통일 이후 드레스덴 시민들의 청원 으로 성모교회 복원 사업에 들어갔고, 드레스덴 시의회는 1992년 2월 20일 재건을 승인했다. 헬무트 콜은 훗날 "이곳에서 통일이 시작되는 기운을 느꼈다"고 회고했다.

교회의 재건은 건축가 에버하르트 부르거Eberhard Burger가 맡았다. 그는 초기의 설계도를 토대로 옛 모습을 기억하는 시민들 이 제공한 자료를 모아 교회의 원형을 되살리고, 잔해에서 수습한 검게 그을린 돌 3,800여 개를 새 돌과 함께 쌓아 올렸다. 완성된 건물에서 보이는 검은 돌들이 바로 시민들이 폐허에서 건져내 보

1990년 드레스덴 성모교회가 복원 사업에 들어가 재건 중인 모습.

관해온 돌들이다. 시민들은 "저 폐허의 성모교회는 파시즘의 야만
성과 전쟁의 비극을 되새기게 하는 상징이다. 우리에게 제2차 세
계대전은 끝나지 않았다"고 밝혔다.

재건 비용은 1억 8,000만 유로(한화로 약 2,300억 원)에 달했
다. 이 중 1억 1,500만 유로는 미국과 영국 등 20개국을 비롯해 개
인과 기업이 보낸 기부금으로 충당할 수 있었고, 나머지 6,500만

유로는 드레스덴시와 작센 자유연방 및 연방정부가 분담했다. 1993년 영국에서 화해의 움직임으로 드레스덴 트러스트Dresden Trust가 설립돼 600만 파운드(한화로 약 93억 5,000만 원)를 모금하면서 드레스덴 재건에 많은 도움을 주었다.

또 소년 시절 드레스덴의 폭격을 목격한 독일 태생의 미국인 생물학자 귄터 블로벨Günter Blobel, 1936~2018은 1999년 노벨생리의학상 수상 상금을 교회 복원을 위해 기부한다. 장난감 회사인 레고Lego는 벽돌 1장에 5마르크를 주고 행사장에서 레고로 만든 성모교회 모형을 조립하는 캠페인으로 28만 마르크(한화로 약 1억 8,000만 원)를 모금했다.

파괴된 건물의 원자재를 교회 복원에 최대한 활용하고 철저한 문서 고증과 최신 3D 기술을 통해 교회는 이전 모습과 거의 흡사하게 재건되었다. 복원 과정에서 가능한 한 원래의 모습대로 되살리려는 노력도 눈물겨웠다. 다행히 건물 설계도는 남아 있었지만 청동으로 만든 교회 출입문의 설계도는 없어 문의 원래 문양을 알 수 없었다. 드레스덴시는 시민들에게 성모교회의 사진이나 자료를 보내달라고 요청하고, 시민들은 자신의 할아버지나 할머니의 사진첩을 뒤졌다. 마침내 누군가가 성모교회에서 결혼식을 올린 후 문 앞에서 찍은 기념사진을 찾아냈고, 드레스덴시는 이 사진을 받아 똑같이 출입문을 복원했다.

성모교회가 파손되기 전 돔 지붕을 장식했던 십자가 장식은 요한 게오르게 슈미트Johann George Shumidt, 1707~1774가 제작했지만 손상이 너무 심해 새로운 십자가를 만들어야만 했다. 이 십자가 장식은 영국인에 의해 다시 만들어진다. 그 주역은 드레스덴 공습에 참여한 영국 공군 랭커스터 폭격기 조종사 프랭크 스미스Frank Smith의 아들인 앨런 스미스Alan Smith다. 그가 독일 공군의 코벤트리 폭격으로 파괴된 코벤트리대성당의 잔해에서 가져온 중세의 못으로 만든 십자가가 2004년 6월 22일 돔 꼭대기에 세워졌다. 십자가를 포함한 교회의 전체 높이는 91.24미터다.

모든 공사를 마치고 2005년 10월 30일 재축성 행사가 개최되면서, 복원된 성모교회는 반전과 함께 평화와 화해의 상징으로 부활한다. 이곳은 복원 후 3년간 700만 명이 다녀갔으며 현재도 끊임없이 관광객이 찾고 있다.

끊임없이
전쟁터가 되어온
섬나라

매년 빨간 양귀비꽃으로
장식되다

———————— ☠ 런던탑 ☠ ————————

유럽에서 우아한 왕실 문화와 신사적인 이미지가 연상되는 나라
는 어디일까? 그곳은 바로 유럽 대륙 서북쪽에 있는 섬나라 영국
이다. 평소 영국에 관심이 있거나 혹은 다녀왔다면 런던탑을 눈여
겨보지 않을 수 없다. 런던탑은 영국 왕실의 역사를 그대로 보고
느낄 수 있는 곳이다. 2017년에 이곳을 방문한 방문객 수는 280만
명을 넘어설 정도로 오늘날 영국에서 매우 인기 있는 관광지 중 하
나다. 영국에서는 매년 11월 11일 옷에 빨간 꽃을 달고 있는 사람
들을 쉽게 찾아볼 수 있다. 우리가 국경일에 태극기를 달듯이 영국
에서는 빨간 양귀비꽃을 단다. 이들은 왜 꽃을 달까? 그 이유는 전

쟁과 관련이 있다.

2,000년 역사를 자랑하는 영국의 수도 런던은 문화의 중심지로 보존 대상 건축물이 3만 5,000여 개나 된다. 이 중 세계 전쟁사를 대변하는 중요한 건축물이 있다. 바로 템스강 북쪽에 있는 런던탑이다. 화이트 타워와 블러디 타워, 주얼리 하우스 3곳으로 나뉘어 탑 10개로 구성된 런던탑은 11세기 처음 세워진 이래 요새와 감옥, 처형장, 무기고 등 다양한 용도로 사용되었다.

런던탑은 왕이 머물던 거처로 왕이 없을 때는 런던탑 무관장이 성의 관리를 일임했다. 런던탑 무관장은 중세 시기 강력한 권한을 갖고 있었으며 군주의 신임을 받는 지위로, 현재는 영국군의 육군 원수가 맡는다. 오늘날 전쟁 박물관 역할을 하는 이곳은 중세의 모습을 그대로 갖춘 성과 이중 성벽 사이로 대포가 놓여 있다. 성

런던탑의 낮과 밤. 런던의 명물인 런던탑은 2,000년에 가까운 런던의 고락을 함께했다.

의 면적은 4만 9,000제곱미터(1만 4,822.5만 평)에 달한다.

목조 요새였던 런던의 최고 명물

런던탑은 노르망디 공작이자 '정복왕'으로 불린 윌리엄 1세William
I, 1028?~1087가 잉글랜드를 정복한 이후인 1066년에 요새로 축조
되었다. 윌리엄 1세는 자식 없이 죽은 잉글랜드의 참회왕 에드워
드Edward the Confessor, 1003?~1066과 자신의 친척 관계를 근거로 들
며 자신이 잉글랜드의 왕위를 계승해야 한다고 주장했다. 하지만
참회왕은 죽기 전 후계자로 해럴드 2세Harold II, 1022?~1066를 선택
해, 해럴드 2세가 다음 왕위를 이어받는다. 하지만 주변국은 이를

받아들이지 않았다.

그리고 노르웨이왕 하랄 3세Harald III, 1015?~1066도 왕위 계승에 뛰어들게 된다. 1066년 9월 하랄 3세는 잉글랜드 북부에 상륙, 풀포드전투에서 잉글랜드군에게 승리를 거둔다. 그러나 해럴드 2세는 9월 25일 스탬퍼드 다리 전투에서 하랄 3세를 꺾었고, 하랄 3세는 이 전투에서 사망한다. 그로부터 며칠 지나지 않아 윌리엄 1세는 잉글랜드 남부에 상륙하고 해럴드 2세는 병력 상당수를 북부에 남겨둔 채 윌리엄 1세와 대적하기 위해 남하했다. 해럴드 2세와 윌리엄 1세가 10월 14일 헤이스팅스에서 격돌한 결과, 윌리엄 1세가 승리하고 해럴드 2세는 생을 마감한다. 윌리엄 1세는 훗날 '헤이스팅스전투'라고 불리는 이 전투에서 승리함으로써 영국의 영토를 거머쥔다.

앵글로색슨족의 반발을 막기 위해 윌리엄 1세는 1066년에서 1087년 사이에 성 36개를 축조했다. 그는 런던 외곽에 베이너즈성과 몬트피셰츠성을 건립하면서 템스강을 추가로 방어하고자 한다. 이때 로마시대에 세운 성벽의 동남쪽 모퉁이 안쪽에다 목재로 처음 임시 요새를 지은 것이 바로 런던탑의 시초다.

월리엄 1세의 초상화.

이후 이곳은 12~13세기를

거치면서 리처드 1세Richard I, 1157~1199와 헨리 3세Henry Ⅲ, 1207
~1272, 에드워드 1세Edward I, 1239~1307가 증축하고 다양한 크기의
탑과 탑을 둘러싸고 있는 거대한 이중 성벽, 깊은 해자 등을 만들
어, 13세기 후반 무렵 오늘날과 같은 모습을 갖추게 된다.

　　왕들은 런던탑을 도피처로 삼아 반역하는 무리를 피하기도
했다. 1264년 헨리 3세가 귀족들 사이에 내전이 발생하자 런던탑
을 발판 삼아 1265년 이브셤전투에서 승리한 것이 그 사례다.

붉은 장미와 흰 장미의 싸움터

15세기 런던탑은 장미전쟁(1455~1485)의 역사를 고스란히 담고
있다. 장미전쟁은 붉은 장미를 문장으로 삼은 랭커스터 왕가와 흰
장미를 문장으로 삼은 요크 왕가 사
이의 왕위 쟁탈전으로 1455년부터
1485년까지 무려 30년간 일어난다.

　　장미전쟁 동안 런던탑은 대포를
동원한 공성전(성과 요새를 점령하기 위
해 벌이는 싸움)의 장소가 되었고, 포격
을 위해 총안銃眼(몸을 숨긴 채로 총이나
대포를 쏘기 위해 성벽과 보루 따위에 뚫어
놓은 구멍)을 설치하기도 했다. 런던탑

헨리 6세의 초상화.

은 포격으로 피해를 입었으나 함락되지 않다가, 노샘프턴전투에서 헨리 6세Henry VI, 1421~1471가 잉글랜드의 왕가인 요크가에 잡힌 뒤에야 항복하면서 끝이 난다.

승리한 요크가에선 에드워드 4세Edward IV, 1442~1483가 왕위를 잇고 헨리 6세는 런던탑에서 목숨을 잃었다. 이후 에드워드 4세가 10여 년간 통치한 후 사망하자 그의 아들인 에드워드 5세Edward V, 1470~1483?가 왕위에 오른다. 하지만 겨우 12세였던 에드워드 5세와 그의 동생 요크 공작 슈루즈베리의 리처드 왕자는 1483년 즉위하자마자 2개월 만에 실종되는 사건이 벌어진다. 이 사건의 배후로는 이들의 삼촌이자 섭정공인 리처드 3세Richard III, 1452~1485가 지목되었다. 1674년 런던탑 화이트 타워의 계단을 보수하다 어린 형제의 유골이 담긴 상자를 발견했는데, 이들의 유골로 추정된다. 결국 장미전쟁의 마지막 전투인 보스워스전투에서 요크 왕가의 최후의 왕인 리처드 3세가 전사하고 만다. 이로써 잉글랜드왕국과 아일랜드왕국을 다스린 군주 5명을 배출한 튜더 왕조가 열리고 헨리 7세가 즉위하면서 장미전쟁은 막을 내린다.

1661년 이전까지 잉글랜드엔 상비군이 없었고 전쟁이 벌어졌을 때만 직업 군인들을 고용했다. 17세기에 들어 왕립 무기고와 군수품 위원회가 설립되자 상비군을 위해 보급품을 확보한 군수품 위원회는 런던탑의 화이트 타워에 사무실을 두고 주변 건물을 비축 창고로 사용한다. 1640년 찰스 1세Charles I, 1600~1649와 의회 사이의 갈등이 증폭되자 런던의 민병대는 런던탑으로 주둔지를 옮긴다. 런던탑은 만일의 사태에 대비해 포대를 구축했으나 영국내전(1642~1651) 기간 동안 런던탑에서는 전투가 벌어지지 않았다.

　14세기부터 스코틀랜드의 왕실이었고 17세기부터는 영국의 왕실이 된 스튜어트 왕가의 군주들은 탑을 개조해 군수품을 관리하는 용도로 사용한다. 17세기엔 런던탑을 당시 군사 요새의 전형적 양식으로 개조하려는 계획이 있었지만 실행에 옮기지는 않았다. 대신 1670년 군사들이 집단으로 거처할 수 있는 '아이리시 배럭Irish Barrack'이 추가된다.

귀족 및 전쟁포로의 수감장이자 처형장

런던탑은 1100년 헨리 1세가 이곳에 투옥을 명한 더럼의 주교 라널프 플람바드 이후 주로 고위층 인사나 중요 인물만 수용하는 감옥이자 처형장이 됐으며 이 중엔 전쟁과 관련된 인물도 여럿 있다. 제임스 1세James I, 1394~1437는 스코틀랜드의 왕이 되는 1406년 프랑스를 여행하다 납치돼 런던탑에 갇히게 된다. 헨리 5세Henry V, 1386~1422는 백년전쟁을 일으킨 뒤 아쟁쿠르전투에서 승리하자 많은 프랑스 귀족 포로를 런던탑에 수감하기도 했다. 그중 프랑스 왕의 조카였던 샤를 도를레앙Charles d'Orléans, 1391?~1465 공작도 런던탑에 수감되었는데, 엄청난 액수의 몸값이 지불될 때까지 25년 동안 이곳에서 생활했다.

특히 제1차 세계대전 중에는 독일 스파이 11명이 런던탑에 갇혀 있다가 총살당하고, 제2차 세계대전 중에도 전쟁포로들이 잠시 감금되곤 했다. 그중엔 아돌프 히틀러의 지도자 대리였던 루돌프 헤스Rudolf Hess, 1894~1987도 있었다. 헤스는 1941년 5월 10일 화평안을 제안하는 목적으로 직접 비행기를 몰고 영국으로 건너갔다가 체포돼 4일

히틀러의 지도자 대리였던 루돌프 헤스.

동안 런던탑에 구금되었다. 런던탑에서 마지막으로 처형된 사람은 독일 간첩 요제프 야코브즈로 1941년 8월 15일 총살당한다.

역사상 최초로 '공군의 전쟁'에 희생되다

제2차 세계대전은 런던탑을 요새로 사용한 마지막 시기다. 독일군이 펼친 바다사자작전으로 독일의 영국 침공이 예상되자 런던탑은 왕립조폐국(영국의 주화를 제조하는 기관), 인근의 창고 등과 함께 런던의 최후 방어 기지로 선정된다.

전쟁을 거치면서 런던탑은 독일의 공습으로 피해를 입었다.

영국 대공습으로 파괴된 런던탑의 일부.

영국 대공습은 제2차 세계대전 당시 1940년 9월 7일에서 1941년 5월 21일 사이에 독일 공군이 영국에 가한 일련의 폭격 및 공습으로, 역사상 최초의 '공군의 전쟁'으로 꼽힌다.

독일의 영국 대공습은 윌리엄 1세에게 침략당한 이래 영국 본토가 처음으로 전쟁에서 피해를 입는 순간이었다. 무려 4만 3,000여 명이 사망하고 100만여 명이 집을 잃는다. 267일간 런던은 대형 폭격을 71회 경험했으며, 이때 런던탑도 참화를 피해갈 수 없었다. 제1차 세계대전 때 런던탑에는 다행히 폭탄 1발만 해자에 떨어지지만 제2차 세계대전 당시엔 폭격으로 큰 피해를 입었다. 1940년 11월 23일의 영국 대공습으로 런던탑 안의 건물 몇 채가 파괴되고, 화이트 타워는 간발의 차이로 이를 면한다. 전쟁 종료 후 폭격으로 받은 피해를 보수한 런던탑은 1988년 유네스코 세계문화유산에 등재되었다.

우리에게 일명 '빼빼로데이'로 잘 알려진 11월 11일은 제1차 세계대전의 종전일이다. 우리에게 '현충일'이 있듯이 영국과 캐나다, 프랑스, 미국 등에서는 전쟁이 끝난 이듬해인 1919년부터 전쟁 중 희생된 사람들을 추모하며 제1차 세계대전 종전일을 기념한다. 2014년에는 제1차 세계대전 발발 100주년을 기념해 영국연방 참전 사망자 수인 양귀비꽃 88만여 송이를 런던탑 남문에 장식하기도 했다. 런던탑뿐만 아니라 영국인들의 옷에서도 양귀비꽃을 찾아볼 수 있다. 제1차 세계대전 때 전투에서 전우를 잃은 군인들이 양귀비꽃을 꺾어 시신 위에 올려놓으며 넋을 기렸다는 이야기가 있다. 영국인들은 그날을 기억하며 희생자들을 추모한다.

1,000년의 세월을 견뎌낸 런던탑은 수많은 전쟁사를 간직하며 오늘날 우리와 함께하고 있다. 우리가 현재 밟고 있는 이 땅 밑에는 전쟁으로 수없이 희생된 무고한 희생자가 있다. 그들 덕분에 우리가 지금보다 더 좋은 세상에서 살아가고 있지는 않을까? 국경을 넘어 전쟁에서 희생된 사람들을 추모하는 마음을 가져보는 건 어떨까?

삶과 죽음이 공존하는
영국의 성역

—·—*—·—*—·—*— 웨스트민스터사원 —*—·—*—·—*—·—

수학에서 미적분법을 창시하고 물리학에서는 뉴턴역학의 체계를 확립하기도 했던 아이작 뉴턴Isaac Newton, 1642~1727은 영국의 물리학자이자 천문학자로 우리에게 잘 알려진 인물이다. 영국 왕실의 웅장한 사원이기도 한 웨스트민스터사원에는 복도 곳곳의 벽면이나 바닥에 역대 왕을 비롯해 정치가, 예술가, 음악가, 과학자 등 주요 인물들의 묘비와 기념비로 가득 차 있다. 아이작 뉴턴도 이곳에 잠들어 있다.

웨스트민스터사원은 수 세기에 걸쳐 여러 차례 건축물이 추가되면서 현재의 모습을 갖췄고, 여전히 주요 국가 행사가 이곳에

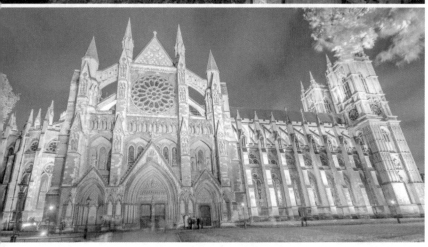

웨스트민스터사원의 밤과 낮. 이 사원은 예부터 영국인에게 정신적 지주 역할을 해왔다.

서 이루어진다. 특히 이곳 앞에는 미국 제16대 대통령인 에이브러햄 링컨Abraham Lincoln, 1809~1865의 동상이 있는데 영국에 왜 미국 대통령의 동상이 있는지 의문을 자아낸다. 과연 왜 그럴까?

이는 영미전쟁 100주년을 기념해 영국이 세운 동상으로, 영국은 그 밖의 여러 세계 위인을 동상으로 제작한다. 영국에 세워진 위인들의 동상을 보며 한국의 세종대왕과 이순신 장군의 동상도 언젠가 세워졌으면 하고 기대해본다. 왕의 대관식부터 무명용사 추모에까지 활용되는 웨스트민스터사원에는 어떤 이야기가 숨어 있을까?

영국 런던 템스강 북쪽 기슭에 있는 웨스트민스터사원은 11세기부터 1,000년에 가까운 세월 동안 영국 왕실의 대관식·결혼식·장례식 등 주요 행사가 열리는 곳이자 장지葬地(묘지)로, 영국 성공회(기독교의 한 교파)의 대표적인 성당이다. 이곳에서 1066년 윌리엄 1세가 대관식을 거행한 이래 1953년 엘리자베스 2세Elizabeth II 여왕까지 역대 왕이 왕위에 오른다.

영국의 왕위 계승자들은 대관식 직후 '에드워드왕의 어좌御座(임금의 자리를 뜻하는 말로 '성 에드워드의 왕좌'라고도 함)'에 앉아야 왕위에 오른 것으로 인정받았다. 대관식 의자 아래에는 영국 자치국인 스코틀랜드 역대 왕이 즉위할 때 앉았던 '스콘의 돌Stone of Scone'이 놓여 있다. 이 돌은 직육면체 모양의 사암으로 '기적의 돌Stone of Destiny'로도 불린다. 스콘의 돌은 1296년 에드워드 1세가 스코틀랜드와의 전쟁에서 얻은 전리품으로 대관식마다 쓰이면서 영국 왕위 계승에 상징적인 역할을 했다.

사원의 지하엔 역대 왕은 물론 윌리엄 셰익스피어William Shakespeare, 1564~1616, 오스카 와일드Oscar Wilde, 1854~1900, 스티븐 호킹Stephen Hawking, 1942~2018 등 3,300명이 넘는 영국 저명인사들의 묘와 기념비가 있다. 제1차 세계대전이 끝나고 2년 후인 1920년 11월 11일 무명용사의 묘가 사원 입구 바닥에 안장된 이래 영국의 모든 대외 전사자를 추모하는 행사가 영국 왕실 가족, 참전 용사, 유가족 들이 참석한 가운데 매년 11월 11일 열린다. 사원에는 제1·2차 세계대전에서 순직한 영국왕립공군 장병들과 왕립육군의료봉사단을 비롯해 웨스트민스터 시민을 위한 스테인드글라스 창문이 있다.

모든 영국왕의 대관식을 거행한 역사적 장소

1040년대 참회왕 에드워드가 런던 템스강변에 궁전을 세우며 960년경 성 던스턴이 베네딕토회 수도자들을 위해 세운 수도원을 성 베드로를 기리기 위한 석조 교회로 개축했다. 이것이 웨스트민스터사원의 시작으로 세월이 흘러 궁전과 사원 인근 지역을 '웨스트민스터Westminster'라고 불렀다. 웨스트민스터사원은 처음에 런던시 동부에 있는 교회당인 세인트폴성당과 구별하기 위해 '서부에 있는 교회당West Monastery'이라 일컬었으며, 사원의 정식 명

칭은 '웨스트민스터 성베드로 참
사회성당Collegiate Church of St. Peter
in Westminster'이다.

에드워드왕은 안타깝게도
1065년 12월 28일 새 교회가 봉
헌된 후 1주일 만인 1066년 1월
5일 병으로 사망해 이곳에 묻힌
다. 그의 죽음으로 왕위를 둘러싼
전쟁이 시작되고 윌리엄 1세가 잉
글랜드를 정복한 후, 1066년 이곳

에드워드 1세의 초상화.

에서 왕위에 오르면서 모든 영국왕의 대관식 장소가 되었다.

헨리 3세Henry Ⅲ, 1207~1272는 웨스트민스터사원 대신 글
로스터대성당에서 대관식을 치렀다. 아버지인 존왕(1166~1216)
이 귀족과의 내전으로 벌인 제1차 남작전쟁(1215~1217) 말기인
1217년, 프랑스의 왕자 루이가 런던을 장악했기 때문이다. 하지
만 교황은 이를 부적절하다고 판단해 전쟁이 끝난 이후인 1220년
5월 17일 웨스트민스터사원에서 대관식을 다시 한 번 거행했고,
웨스트민스터사원은 이런 내막을 가진 헨리 3세에 의해 큰 변화
를 맞게 된다.

예술에 조예가 깊던 헨리 3세는 당시 프랑스의 고딕 건축물
인 아미앵대성당과 랭스대성당을 모델로 이곳을 1245년부터 개
축했다. 왕의 법령에 따라 웨스트민스터사원은 위대한 수도원이

자 예배 장소일 뿐만 아니라, 군주들의 대관식 장소와 묘지로 설계된다. 새로운 교회는 1269년 10월 13일 봉헌됐지만 불행히도 왕은 본당을 완성하기 전 숨을 거두었다. 오늘날 볼 수 있는 높다란 수직형의 건물과 곳곳에 세워진 뾰족한 첨탑이 특징인 고딕양식의 모습은 1503년에야 완성된다. 이 사원의 총 바닥면적은 3,000제곱미터(907.5평)로, 사원의 출입구에 해당하는 서쪽의 정면 탑은 웨스트민스터사원에서 가장 높은 부분이며 69미터에 달한다.

왕위를 상징하는 '스콘의 돌'

1272년 부왕父王인 헨리 3세에 이어 왕위에 오른 에드워드 1세 Edward I, 1239~1307는 대大브리튼섬(영국을 이루는 제일 큰 섬) 전체를 한 왕국으로 통일하길 염원하면서 웨일스와 스코틀랜드의 정복을 시도한다. 1286년 스코틀랜드의 알렉산더 3세Alexander III, 1241~1286가 해안 절벽에서 낙마 사고로 사망했을 때, 유일한 후계자는 노르웨이에 살고 있던 3살짜리 손녀 마거릿 공주였다.

에드워드 1세는 노르웨이의 에이리크 2세Eirik II, 1268~1299에게 자신의 아들인 '카나번의 에드워드' 왕자(훗날의 에드워드 2세 Edward II, 1284~1327)와 에이리크 2세 딸의 혼인 약속을 받아냈고, 1290년 7월 스코틀랜드 의회가 솔즈베리조약으로 이 결혼을 승인하면서 스코틀랜드는 독립국으로 남을 것임을 발표했다. 그러나 마거릿 공주가 스코틀랜드로 배를 타고 오던 도중 갑자기 사망하자, 존 베일리얼John Balliol, 1249?~1314과 로버트 드 브루스Robert de Brus, 1243~1304를 비롯해 자신이 스코틀랜드 왕위에 올라야 한다고 주장하는 인물이 여러 명 나타난다. 절충자로 선임된 에드워드 1세가 이들 가운데 베일리얼을 선택하면서, 1292년 그가 스코틀랜드의 왕위에 올랐다.

하지만 에드워드 1세가 베일리얼에게 신하로서 충성할 것과 함께 프랑스의 남서부였던 가스코뉴 지역의 참전을 요구한다. 그러자 1295년 베일리얼은 에드워드 1세와 적대하던 프랑스와 동맹을 맺으며 반란을 일으켰다. 이에 에드워드 1세는 1296년 3월, 병력 3만 5,000명을 이끌고 북진해 웨일스인들이 사용한 장궁長弓(긴 활)의 도움으로 스코틀랜드를 격파한다. 그리고 베일리얼을 포로로 잡아 왕위를 내려놓게 한 뒤 에드워드 1세 스스로 스코틀랜드의 왕위에 오르고 영주들의 맹세를 받는다. 에드워드 1세는 스코틀랜드에서 왕의 대관식을 거행할 때 사용하던 직육면체 형태의 돌인 '스콘의 돌'을 전리품으로 챙겨 웨스트민스터사원으로 보냈으며, 왕이 없는 스코틀랜드를 몰수한 봉토로 삼아 잉글랜드에 병합했다.

그러나 잉글랜드의 스코틀랜드 지배는 그리 오래가지 못한다. 1297년 윌리엄 월리스William Wallace, 1272?~1305를 지도자로 삼아 민족적 저항이 일어난 이후 스코틀랜드인들의 저항은 그 후에도 계속됐고, 1307년 당시 68세로 노쇠한 에드워드 1세는 반란을 진압하려고 스코틀랜드로 향하다 칼라일 근처에서 병사病死한다. 왕위를 계승한 에드워드 2세는 1314년 군사 2만 명을 이끌고 스코틀랜드를 침공하나, 1314년 6월 23일부터 24일까지 양일간 펼쳐진 배넉번전투에서 스코틀랜드군에게 결정적으로 패하고 독립을 인정해주고 만다.

한편 웨스트민스터사원의 대관식 의자 아래에 놓인 스콘의 돌은 1296년부터 스코틀랜드가 아닌 잉글랜드왕의 대관식에 쓰이는 운명을 맞이한다. 목재 의자인 에드워드의 어좌는 영국의 왕위 계승자들이 대관식 직후 착석하는 의자로 금사자상 4개가 떠받치고 있으며, 이 금사자들은 1727년 원본을 대체하기 위해 새로 만들어졌다. 이 의자에 앉아야 왕위에 오른 것으로 인정받는다.

과거 대관식 의자 아래에 있었던 '스콘의 돌'.　현재의 대관식 의자.

결혼식이라도 이곳만은 피해 간다

제1차 세계대전 종전일로부터 2년 뒤인 1920년 11월 11일 사원 내부의 본당 서쪽 끝 바닥에 프랑스에서 사망한 듯하지만, 검은 석판으로 덮여 신원을 알 수 없는 영국 육군의 시신이 '무명용사의 무덤'에 안장되었다. 이 시신은 제1차 세계대전에서 전사한 군인들을 대표해 안장되기 위해 전후戰後에 발굴된 신원 불명의 유해들 중에서 선발된다. 훗날 미국 군인으로는 처음으로 육군 대원수의 지위에 오르는 존 조지프 퍼싱John Joseph Pershing, 1860~1948 장군은 미국을 대표해 1921년 10월 17일 이 무명용사의 무덤에 명예 훈장을 수여했다.

　이후 이 무덤은 전쟁에서 전사한 영국군 모두를 기리는 상징이 되며 훈장은 무덤 근처 기둥에 액자로 걸린다. 유럽 문화의 특성상 교회 바닥에 안치된 무덤은 밟아도 상관없지만, 무명용사의 무덤만은 밟는 걸 금기시하기 때문에 결혼식이나 장례식 때 여기만은 피해 가야 한다. 웨스트민스터사원에서 가장 최근에 열린 2011년 4월 29일 윌리엄 윈저William Winsor 왕세손(윌리엄 왕자)과 케이트 미들턴Catherine Middleton 왕세손빈의 결혼식 때도 이 옆으로 행진했다. 무명용사가 안장된 지 100년이 넘었으니, 이 전통 역시 오랜 셈이다.

　1923년 4월 26일에는 조지 6세George VI, 1895~1952와 엘리자베스 보우스 라이언Elizabeth Bowes-Lyon, 1900~2002(엘리자베스 2세

웨스트민스터사원에서 열린 결혼식에서 윌리엄 윈저 왕세손과 케이트 미들턴 왕세손빈이 무명용사의 무덤 옆으로 지나가고 있다.

의 어머니)의 결혼식이 이곳에서 열린다. 당시 엘리자베스는 입장하던 중 제1차 세계대전 때 전사한 오빠 퍼거스 보우스 라이언Fergus Bowes-Lyon, 1889~1915를 추도하며 무덤 위에 존경의 표시로 꽃다발을 올리곤 했다. 그 후 왕실의 모든 신부는 결혼식이 있을 때마다 다른 곳에서 결혼을 하더라도 무명용사의 무덤 위에 꽃다발을 올려놓는 것이 관례가 된다.

최악의 공습에서 가까스로 살아남다

1939년 제2차 세계대전이 발발하자, 사원의 많은 보물은 안전을 위해 대피시켰다. 또 모래주머니 약 6만 개를 왕과 중세의 무덤을 보호하는 데 사용했다. 하지만 안타깝게도 사원을 장식한 스테인드글라스 창문은 1940년 폭발로 깨지고 만다. 최악의 공습은 1941년 5월 10일에서 11일 밤 사이에 있었다. 여러 화염 폭탄이 사원의 지붕과 경내에 떨어진다. 다행스럽게도 화재 감시자와 자원봉사자 들이 신속하게 막아 피해를 줄일 수 있었으며, 대관식 의자는 글로스터대성당으로 대피하고 스콘의 돌은 사원 내에 비밀리에 매장되었다. 스콘의 돌은 종전 후인 1950년 12월 25일 크리스마스에 스코틀랜드 민족주의자들에게 도난당했다가 1951년 4월에 되찾는데, 이 돌은 1996년에야 스코틀랜드에 반환되고 현재는 에든버러성에서 볼 수 있다.

윈스턴 처칠은 제1차 세계대전 당시 영국의 해군 장관을 맡고 제2차 세계대전 때는 영국의 총리를 역임해 웨스트민스터사원에 안장될 자격이 충분했다. 그런데도 그가 부모의 무덤 곁에서 영면하길 바랐기 때문에 이 사원에 묻히지 않았다. 대신 웨스트민스터사원 정문엔 그를 기념하는 석판이 깔려 있으며, 여기엔 "윈스턴 처칠을 기억하라"는 문구가 새겨져 있다.

영국 왕실의 해리Harry 왕자와 그의 부인 메건 마클Meghan Markle 왕자비는 2019년 11월 7일, 웨스트민스터사원 밖에 있는 '기억의 들판'을 방문해 제1·2차 세계대전에서 순직한 군인들을 추모하기도 했다. 이곳에서 그해 11월 17일까지 추모행사가 열리면서 많은 이가 전쟁에서 희생된 이들의 넋을 기렸다.

다른 나라의 유물이 더 많은
박물관

세계 최초의 국립 공공박물관인 영국 대영박물관은 '영국박물관'
이라고도 불리며 개관 이래 무료입장을 허용하고 있다. 역사적 가
치가 높은 전시품들을 보유한 이 박물관에서는 그림뿐만 아니라
이집트의 미라를 비롯해 함무라비법전, 조각 작품 등 다양한 문화
유물을 관람할 수 있다.

　　미술사 책에 흔히 등장하는 눈과 가슴은 정면을, 얼굴과 다
리는 옆모습을 향하게 그린 이집트 벽화 또한 이곳에 전시돼 있다.
이런 이집트 벽화는 눈에 보이는 대로 묘사하지 않고 사물의 본질
을 드러내는 특징을 가지고 있다. '해가 지지 않는 나라'라고 불리

대영박물관의 전경.

대영박물관의 내부.

며 세계 각지에서 약탈하고 수집한 유물을 소장한 영국의 대영박물관은 대체 어떤 곳이며, 전쟁과는 무슨 관련이 있을까?

영국의 수도 런던 블룸즈버리에 있는 대영박물관은 프랑스의 루브르박물관, 러시아의 예르미타시박물관, 미국의 메트로폴리탄박물관과 함께 세계 4대 박물관 중 하나다. 1759년 설립된 이 박물관은 영국이 제국주의시대부터 전 세계에서 약탈하고 수집한 유물 800만 점을 보관하고 있다.

인류 최초의 문명이라고 할 수 있는 메소포타미아의 수메르부터 아시리아, 이집트, 에게해, 그리스를 포함한 고대 문명들의 유물이 이곳에 전시 중이다. 주요 유물로는 이집트의 로제타석과 람세스 2세Ramses II, ?~?의 거대 석상, 그리스 아테네에 위치한 파르테논 신전 외벽의 조각품, 근대 헌법의 토대가 된 대헌장 '마그나카르타Magna Carta' 등이 있다. 이곳은 카이로박물관 다음으로 이집트 유물을 가장 많이 소유하고 있는데, 이는 1801년 프랑스군이 이집트와의 전쟁에서 승리로 얻은 전리품이다.

일부 소장품은 해당 국가의 반환 요구가 끊이지 않고 있다. 박물관의 정식 명칭이 '영국박물관British Museum'일 뿐 '대大, Great'가 붙어 있지 않으므로 '영국박물관'으로 번역해야 한다는 의견도 많다. 하지만 박물관의 각종 공식 한국어 번역에서도 '대영박물관'으로 표기하고 있고, 국내 언론에서도 이같이 칭하고 있다.

'해가 지지 않는 나라'의 수장고

영국 최초의 박물관은 1683년 개관한 옥스퍼드대학박물관이다. 영국의 2번째 박물관인 대영박물관의 기초는 왕립학사원장을 지낸 의학자 한스 슬론Hans Sloane, 1660~1753 경이 유품으로 남긴 7만 2,000점에 이르는 예술품과 유물, 자연사 표본 등의 소장품이다.

1753년 영국 의회는 영국박물관 법안을 의결하고 그레이트 러셀가에 있던 몬태규 후작의 저택을 개축한다. 그리고 한스 슬론의 소장품에 로버트 코튼Robert Cotton, 1570~1631 경의 장서와 옥스퍼드의 로버트 할리Robert Harley, 1661~1724 백작이 모은 수집품을 전시한다. 이렇게 1759년 1월 15일 대영박물관이 설립된다.

영국을 대영제국大英帝國, British Empire으로 만드는 데 초석을 쌓은 군주는 헨리 8세Henry VIII, 1491~1547와 앤 불린Anne Boleyn, 1501~1536 사이에서 태어난 엘리자베스 1세다. 앤 불린은 아들을 낳지 못했다는 이유로 헨리 8세에게 냉대를 받다 런던탑에 수감돼, 1536년 형장의 이슬로 사라졌다. 엘리자베스 1세는 이복 언니 메리 1세Mary I, 1516~1558에게 반역을 꾀했다는 의심을 받아 22세 때인 1555년 런던탑에서 사형을 선고받지만, 처형을 피하고 살아남아 1558년 1월 15일 왕위에 오른다.

어머니의 비극을 가슴에 묻은 여왕은 영국을 핏빛 복수극의 무대로 만들기보단 아픔을 끌어안고 조국을 더 넓은 무대로 이끌었다. 엘리자베스 1세가 재위한 45년간 영국 해군은 에스파냐

1736년 스티븐 슬로터가 그린 한스 슬론 경의 초상화.

의 무적함대를 격파해 대서양으로 본격적으로 진출할 계기를 마련한다. 또 헨리 7세Henry VII, 1457~1509 때 처음 시작된 아메리카 식민지 개척을 재개해 버지니아의 식민 지배를 시도하기도 했다. 대영제국이 정복한 나라는 1627년 바베이도스부터 1839년 예멘에 이르기까지 총 54개국에 이른다.

대영제국이 '해가 지지 않는 나라'로 불리며 식민지를 확장하면서 세계 각지에서 약탈하거나 수집한 수많은 유물이 대영박물관의 수장고로 향했다. 더 많은 소장품을 보관하기 위해 1823년부터 로버트 스머크Robert Smirke, 1781~1867 경은 고대 그리스의 아테나 폴리아스 신전에서 영감을 받아 새 박물관의 외관을 설계하고 동서남북에 신고전주의양식 건물 4동을 차례로 지어 1852년 완공한다.

입구엔 높이 14미터의 이오니아식 기둥 44개를 세워 고전적이면서도 웅장한 아름다움을 표현했다. 입구 위쪽의 박공牌栱(맞배지붕의 측면에 人자형으로 붙인 건축 부재)에는 1852년 조각가 리처드 웨스트마콧Richard Westmacott, 1775~1856이 〈문명의 진보〉라는 제목으로 연작 부조 15개를 완성해 장식한다. 박물관은 지하 1층부터 지상 2층까지 총 3층으로 이루어져 있으며, 전시실 100여 개를 보유한 총면적은 7만 5,000제곱미터(2만 2,687.5평)이다.

루브르박물관으로 갈 뻔한 이집트 유물들

대영박물관은 19세기에 그리스·로마·이집트의 유물이 증가했다. 특히 이집트 유물은 전쟁에서 승리해 획득한 전리품이다. 당시 오스만튀르크의 지배를 받던 이집트는 1798년 원정을 나선 프랑스의 나폴레옹이 정복한다. 나폴레옹의 원정단은 고고학자를 필두로 학술조사단 175명도 포함했다. 고대 마케도니아의 알렉산드로스 3세Alexandros Ⅲ(기원전 356~기원전 323)처럼 동방원정을 나서겠다는 게 나폴레옹의 의도였다.

　하지만 영국 해군이 나폴레옹을 추격함에 따라 이집트 지배의 향방은 바뀐다. 1798년 8월 1일 영국의 허레이쇼 넬슨Horatio Nelson, 1758~1805이 알렉산드리아 근처 아부키르만에 정박하던 프랑스 함대와 전투를 벌였기 때문이다. 이 전투에서 넬슨은 프랑스 함대의 기함인 로리앙호를 격침해 전열함 13척 중 2척을 침몰시키고 9척을 포획하는 대승을 올리며 나폴레옹에게 일격을 가했다. 여기에다 제2차 대對프랑스동맹전쟁(1798~1801)이 벌어져 자신의 군사적 명성의 기반이었던 북이탈리아 영토를 상실했다는 소식이 전해지자, 나폴레옹은 서둘러 파리로 귀환한다.

　이집트에 남겨진 프랑스 원정군은 영국·오스만 동맹군의 대

대적인 공격을 받는다. 나폴레옹이 부재한 상황에서 프랑스 군대
는 1801년 3월 21일 알렉산드리아전투에 이어 4월 19일 줄리앙
요새 포위전, 6월 27일 카이로 포위전, 9월 2일 알렉산드리아 포
위전에서 연달아 패해 결국 항복하고 만다. 1802년 3월 25일 프
랑스와 영국 간에 아미앵조약이 체결된 후, 이집트 유물들은 프랑
스의 루브르박물관 대신 대영박물관으로 행선지가 옮겨지면서 이
집트 전시 부문의 기초가 되었다.

　　대표적인 유물은 상형문자 해독의 열쇠인 로제타석Rosetta
Stone이다. 1799년 7월 15일 이집트 베헤이라주 로제타에서 프랑
스 원정군의 공병장교인 피에르 부샤르Pierre Bouchard, 1771~1822가
발견하지만, 영국군에 몰수당해 1803년부터 대영박물관에서 전
시하기 시작했다. 이 유물은 대영박물관 1층 4번 전시실에 있다.
로제타석엔 프톨레마이오스 5세Ptolemaios V(기원전 204~기원전
181)를 찬양하는 내용이 맨 위엔 상형문자, 중간엔 민용문
자(필기체로 쓰인 이집트의 상형문자), 맨 아래엔
희랍어 등으로 기록돼 있다. 프랑스의
학자 장 프랑수아 샹폴리옹Jean-François
Champollion, 1790~1832이 그리스 문자
를 이용해 이집트의 문자가 단순한 그
림이 아니라 발음기호라는 사실을 알
아낸다. 그 이후 로제타석을 통해 이
집트 신전이나 무덤 등에 남아 있는

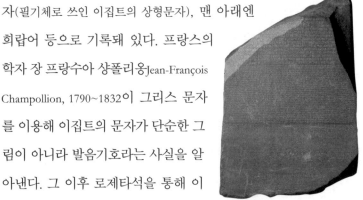

대영박물관이 소장한 로제타석.

다양한 기록을 해석할 수 있게 되었다.

또 이집트의 테베신전에서 발견된 람세스 2세의 석상은 프랑스군이 운반하기 위해 가슴에 구멍을 내지만, 무게 때문에 옮기지 못한 상태였다. 그러다 이집트의 영국 총영사로 근무하던 헨리 솔트Henry Salt, 1780~1827가 이 석상을 보유하면서 1818년 영국으로 가져갔고, 현재는 로제타석과 마찬가지로 대영박물관 1층 4번 전시실에 소장 중이다.

용의주도한 피란이 귀중한 문화유산을 살리다

제1·2차 세계대전 동안 대영박물관의 주요 소장품들은 영국 각지로 옮겨지며 대피했다. 제1차 세계대전 말기인 1918년, 일부 소장품은 런던의 우체국 철도를 통해 홀본과 웨일스 국립도서관, 말번 근처로 이동한다. 제2차 세계대전 이전에 나치는 '영광스러운 유물의 반유대적 역사를 편찬하는 것'을 목표로 몇 년 동안 대영박물관에 연구원을 파견했다는 이야기가 전해진다.

1931년 아트 딜러였던 조지프 듀빈Joseph Duveen, 1869~1939은 대영박물관에 파르테논 신전의 조각상들을 전시할 갤러리를 건축할 기금을 기부했다. 그의 이름을 따서 미국 건축가 존 러셀 포프John Russell Pope, 1874~1937가 듀빈 갤러리를 짓는다. 존 러셀 포프는 워싱턴을 대표하는 유명 건축물인 제퍼슨기념관을 만든 인물이다. 그런데 1938년 듀빈 갤러리가 완공된 지 1년도 채 되지 않아 제2차 세계대전이 발발하고 만다.

1939년 8월 전쟁이 임박하고, 공습을 받을 가능성 때문에 듀빈 갤러리에 있던 파르테논신전의 조각상은 박물관의 가장 귀중한 소장품과 함께 지하실, 시골집, 알드위치 지하철역, 웨일스 국립도서관, 채석장 등으로 분산해 보관되었다. 이는 적절한 조치였는데, 1940년 독일군의 런던 대공습으로 듀빈 갤러리가 심각한 피해를 입었기 때문이다. 이때 에드워드 7세 전시실, 중앙 열람실이 있는 돔 건물 등도 파손된다. 1941년 5월 10일과 11일 밤사이 소이탄 여러 개가 박물관의 서남쪽에 떨어져 책장과 서적 15만 권을 파괴했다. 전쟁이 끝나자 대영박물관은 각지에 분산된 유물을 다시 모아 전시하고, 듀빈 갤러리는 복구를 마친 뒤 1962년에야 재개장한다.

2000년 11월 8일엔 대영박물관 1층에 396.72제곱미터 (120평) 규모의 67번 전시실에 한국관이 신설돼 구석기 유물부터 7~8세기 통일신라시대 불상, 13세기 고려청자, 조선 후기 백자, 18세기 김홍도의 〈풍속도첩〉 등 미술품 250여 점을 전시하고 있다. 이 전시품들은 약탈 문화재가 아니라 한국이 영국에 정식으로 대여한 문화재들이다. 이집트와 그리스 등의 문화재는 대표적인 약탈 문화재로 해당 국가에서 환수를 요구하고 있지만, 영국 정부는 묵묵부답이다. 영국엔 대영박물관이 제국주의 시절의 영광이지만 문화재를 약탈당한 국가 입장에서는 눈물 나는 건축물이다.

왕실의 깃발이 나부끼는
둥근 탑의 성

━━━✳━━━✳━━━✳━━━✳ 윈저성 ✳━━━✳━━━✳━━━✳━━━

영국은 입헌군주제 국가로 헌법에 따라 나라를 통치하는 왕실이 형식상으로 존재한다. 현재처럼 여왕 또는 왕이 행정·입법·사법부와 국교회의 수장임과 동시에 군대의 최고사령관이기도 하다. 런던에서 약 35킬로미터 떨어진 버크셔주에 있는 윈저성은 버킹엄궁전, 홀리루드궁전과 함께 영국 왕실의 주요 공식 주거지로 꼽힌다.

이곳은 영국 왕실이 주말마다 이용하고 있다. 그래서 입장하기 전에 가방까지 검사할 정도로 보안 검색이 매우 엄격하다. 특히 윈저성의 '둥근 탑'을 돌아가는 길 막바지에는 커다란 털모자에 빨간색 윗도리와 검은색 바지 제복을 입은 근위병들이 총을 메고 근무하는 모습이 보인다. 이들은 관광객이 곁으로 가서 사진을 찍어도 꼼짝도 하지 않은 채 묵묵히 자리를 지키고 있다. 이렇게 경비가 삼엄한 윈저성에는 어떤 전쟁사가 서려 있을까?

윈저성은 11세기에 정복왕 윌리엄 1세가 처음 요새로 세운 후 여러 번 재건과 증축을 거쳐 오늘날까지 900년 넘는 역사를 이어오고 있다. 현재 영국 왕실의 이름이 된 '윈저'는 이 성의 이름에서 유래했으며, 이는 전쟁과 연관이 깊다. 윈저 왕가는 조지 5세 이후 에드워드 8세, 조지 6세, 엘리자베스 2세 여왕 등을 배출했다. 윈저성은 현재까지 사람이 사는 가장 크고 오래된 성으로 알려져 있다.

윈저성의 전경. 지금도 영국 왕실의 숨결을 느낄 수 있는 곳이다.

왕실의 깃발이 나부끼는 둥근 탑의 성

로어 워드Lower Ward로 들어가는 입구. 영국 왕가가 거처하는 어퍼 워드Upper Ward와 달리, 로어 워드는 일반에 공개하고 있다.

'꼬불꼬불한 물가' 같은 성

프랑스의 노르망디 공작인 윌리엄 1세가 영국을 침공해 1066년 헤이스팅스전투에서 승리한 후 템스강 남단을 수호하기 위해 지은 건물이 런던탑이라면, 런던으로 향하는 서쪽을 지키기 위해 1070년 목재로 지은 요새가 바로 윈저성이다. 1170년대에 헨리 2세Henry II, 1133~1189는 둥근 탑을 비롯해 성 전체를 석조로 개축하고 13세기엔 헨리 3세가 서쪽 방벽을 완공했다. 현재의 모습으

로 완성된 시기는 19세기 초 조지 4세 시대로, 성채 바닥의 면적
은 4만 4,965제곱미터(1만 3,601평)이며 성벽의 최대 두께는 4미
터 정도다.

윈저성은 런던에서 템스강을 따라 배를 타고 성으로 들어
가는 길이 마치 '꼬불꼬불한 물가Wind shore' 같다고 해서 '윈저
Windsor'라고 불리게 되었다. 윈저성은 헨리 1세 때부터 궁전으로
사용했는데 둥근 탑, 세인트 조지 예배당, 스테이트 아파트먼트 등
으로 이루어져 있다. 윈저성 어디에서나 보이는 둥근 탑은 윌리엄
1세 때 목조로 지었다가 헨리 2세가 석조로 개축했으며, 위엄을
드러내기 위해 조지 4세가 높이를 높인다.

영국사의 중요한 순간이 일어난 배경

윈저성은 영국 전쟁사의 주요 배경이 되었다. 존왕은 1199년 4월
6일 친형인 리처드 1세에 이어 왕위에 오른다. 그는 1205년까지
선왕들이 확보해놓은 노르망디를 포함해 프랑스 내의 영국 영토
를 거의 잃어 실지왕失地王, John Lackland이라고도 불린다.

존왕이 1206년부터 프랑스와의 전쟁 자금 조달을 위해 과
도하게 세금을 매기자 영주들의 불만은 점차 쌓여갔다. 그는 영주
들의 반대에도 불구하고 전쟁에 나서 1214년 7월 27일, 부빈전
투에서 프랑스의 필리프 2세Philip II, 1165~1223에게 참패한다. 존

왕이 귀국하자 영주들은 1215년 봄에 무장 반란을 일으키고, 반란군은 시민들의 도움으로 런던을 손쉽게 점령해 왕은 결국 굴복하고 만다. 1215년 6월 15일 존왕은 윈저성 근처인 러니미드에서 영국 헌법의 토대가 된 마그나카르타에 도장을 찍는다.

1626년 이전에 그려진 존왕의 초상화.

그런데도 존왕은 이를 받아들이지 않고 귀족과의 내전을 준비했다. 이에 귀족들은 필리프 2세의 아들인 루이 왕자를 왕위 계승권을 가진 인물로 추대해 제1차 남작전쟁이 벌어진다. 이때 존왕이 머무른 윈저성은 2개월에 걸쳐 프랑스의 루이와 반란군의 포위 공격을 막아냈다. 존왕이 1216년 10월 병사한 후, 양국은 1217년 킹스턴에서 평화조약을 맺게 되면서 전쟁은 종결된다.

백년전쟁은 영국과 프랑스가 휴전과 전쟁을 되풀이하며 116년 동안 단속적으로 벌인 전쟁이다. 에드워드 3세Edward III, 1312~1377는 백년전쟁 초기인 1348년, 윈저성을 본거지로 가터 기사단을 결성해 세인트 조지 예배당을 지었다. 이곳은 현재 영국 최고의 훈장인 가터garter훈장을 수여하는 장소가 되었다.

백년전쟁 중 윈저성은 감옥으로 쓰이며 많은 포로를 수감했다. 귀족과 상류층 포로와 관련한 보상비는 성의 증축에 사용된다. 프랑스 발루아 왕가의 장 2세Jean II, 1319~1364는 영국에 결정적 승리를 안겨준 전투 중 하나인 푸아티에전투(1356)에서 대패하면서 윈저성에 갇혔다. 그의 석방 보상금은 1360년 영국과 프랑스 간에 이루어진 휴전협정인 브레티니조약을 통해 300만 크라운으로 정해진다. 하지만 장 2세는 자신의 몸값이 국민에게 엄청난 부담을 안긴다는 이유로 석방되길 원치 않았다. 결국 그는 에드워드 3세의 배려로 성에서 나온 뒤 런던에서 지내다가 1364년 삶을 마친다.

윈저성은 찰스 1세를 지지하는 왕당파와 올리버 크롬웰Oliver Cromwell, 1599~1658이 이끄는 의회파 간의 영국내전에도 휘말렸다. 이 전쟁 동안 성은 1642년 의회파의 존 벤John Venn, 1586~1650 의원이 점령했으며, 여러 의회 사령관의 본부로 쓰인다. 1642년 11월엔 영국 왕실의 루퍼트 왕자Prince Rupert, 1619~1682가 성을 점령하려고 했으나 실패하고, 전쟁이 끝날 때까지 의회의 손에 남아 있었다.

1651년 9월 3일 우스터전투로 내전은 의회파의 승리로 끝난다. 윈저성에 수감된 찰스 1세는 처형되고 찰스 2세Charles II, 1630~1685는 추방당했다. 의회파는 1653년 크롬웰을 호국경護國卿, Lord Protector(영국에서 왕을 대신하는 직책으로 선거로 선출된 섭정 귀족에게 붙이던 호칭)으로 선출한다. 하지만 1660년 조지 멍크George Munk, 1608~1670의 왕정복고로 즉위한 찰스 2세는 윈저성의 많은 부분을 프랑스에서 배워온 바로크양식으로 재건했다.

윈저성 안에 있는 워털루 체임버. 여러 군인과 정치가의 초상화가 즐비하게 전시된 공간이다.

조지 4세George IV, 1762~1830는 1815년 프랑스의 나폴레옹과 벌인 워털루전투에서의 승리를 기념하기 위해 1820년 토머스 로런스Thomas Lawrence, 1769~1830에게 위임받은 초상화를 모아 윈저성에 워털루 체임버를 만들었다. 이로써 이 전투에서 공헌해 '웰링턴 공작' 작위를 받은 아서 웰즐리Arthur Wellesley, 1769~1852를 비롯해 여러 군인과 정치가의 초상화가 걸렸다. 또 조지 4세는 스테이트 아파트먼트에 웅장한 입구를 만드는데, 이곳엔 트라팔가르 해전에서 사용한 총기류와 넬슨을 숨지게 한 총알이 전시되었다.

독일에 대한 분노가 서린 이름, '윈저'

영국인을 뜻하는 '앵글로색슨Anglo-Saxon'에서 '색슨Saxon'은 독일어 '작센Saxen'에서 건너온 단어다. 그만큼 영국과 독일의 관계는 깊다. 빅토리아 여왕Queen Victoria, 1819~1901은 독일계 가문인 작센 코부르크 고타Saxe-Coburg and Gotha의 앨버트 공Prince Albert, 1819~1861과 혼인했다. 그들의 맏아들인 에드워드 7세Edward VII, 1841~1910는 아버지의 성姓을 따른 첫 군주가 되었으며 부왕에 이어 조지 5세George V,

1938년 조지 6세가 승인한 윈저 왕실의 문장.

1865~1936가 왕위에 오른다.

제1차 세계대전을 일으킨 독일제국의 황제 빌헬름 2세는 빅토리아 여왕의 장녀인 빅토리아 공주Princess Victoria, 1840~1901의 아들로, 조지 5세와는 고종사촌 사이였다. 20세기를 열며 시작된 제1차 세계대전은 이전의 전쟁과는 성격이 판이했고, 그 중심엔 독일이 있었다. 독일이 독가스를 비롯해 인구 밀집지에 폭탄을 투하하는 체펠린비행선을 운용하자, 영국민들은 전례가 없는 야만성을 경험한다.

이런 제1차 세계대전을 겪으며 영국 국민이 독일에 큰 반감을 갖자 조지 5세는 독일계 왕가의 이름인 '작센 코부르크 고타'를 개명할 필요성을 느끼게 된다. 그래서 그는 1917년 7월 17일 영국 왕실의 오래된 궁에서 착안해 왕가의 이름을 '윈저'로 개명한다. 또 새로운 왕가의 문장 중간에 윈저성의 둥근 탑을 배치해 왕가의 굳건함이나 권위, 영국 군주의 위엄과 상징을 나타낸다.

엘리자베스 2세 여왕이 어린 시절을 보낸 곳

제1차 세계대전 동안 영국 왕실은 런던 버킹엄궁에서 윈저성으로 대피한다. 이어진 제2차 세계대전 당시 독일의 대대적인 대공습 때도 윈저성은 단 한 번도 폭격당하지 않았다. 대신 히틀러가 윈저성을 작전 본부로 사용하기 위해 폭격 대상에서 제외했다는 소문이 나돌기 시작하고, 어린 엘리자베스 2세는 동생 마거릿 로즈 Margaret Rose, 1930~2002 공주와 함께 윈저성으로 피신한다. 이때 안전을 위해 창문을 검게 그을리고 샹들리에를 제거해 밖에서 내부를 볼 수 없게 했으며, 이들은 지하에서 잠을 자곤 했다. 제2차 세계대전을 무사히 견뎠지만, 윈저성은 1992년 대화재가 발생해 막대한 피해를 입고, 1997년 마침내 복원된다.

오늘날 엘리자베스 2세 여왕은 평일엔 버킹엄궁전에서 집무하다가 주말엔 유년 시절의 기억이 남아 있는 윈저성에서 주로 지낸다. 그래서 이곳엔 평소 영국 국기가 걸려 있지만 여왕이 머무르고 있을 때는 왕실의 깃발로 바뀌기도 한다.

잉글랜드와 스코틀랜드의
치열한 격전지

――― ✻ ――― ✻ ――― 칼라일성 ――― ✻ ――― ✻ ―――

유네스코 세계문화유산으로 지정된 하드리아누스 방벽은 전체를
다 볼 수 없을 정도로 넓은 범위를 자랑한다. 하드리아누스 방벽의
서쪽 끝에는 영국의 종교와 역사가 서린 도시 칼라일이 있다. 이곳
에 있는 칼라일성은 스코틀랜드와 강 하나를 사이에 두고 군사적
목적으로 세워졌다. 칼라일성에서는 중세의 지하 감옥과 방을 관
람할 수 있으며 일부 공간에는 무기를 전시해 군사 박물관으로 사
용 중이다. 성벽 꼭대기에는 전쟁영화에서나 본 장면처럼 대포들
이 성 밖을 겨눈 채로 전시돼 있다. 영국에서 마지막으로 포위당한
요새로 알려진 칼라일성에서는 어떤 전쟁들이 일어났을까?

칼라일성의 전경. 항상 끊이지 않았던 잉글랜드와 스코틀랜드의 전투에서 가장 치열한 접전지였다.

잉글랜드의 서북쪽에 있는 컴브리아주의 칼라일시는 스코틀랜드 국경에서 16킬로미터 떨어진 도시로, 이곳에선 예부터 잉글랜드와 스코틀랜드 사이에 분쟁이 끊이지 않았다. 이곳에 있는 칼라일성은 1092년 윌리엄 2세가 스코틀랜드로부터 잉글랜드를 방어하기 위해 옛 로마의 요새 자리에 노르만양식으로 건설한다. 그 후 이 성은 수차례 포위 공격을 당하고, 성의 주인은 잉글랜드와 스코틀랜드가 번갈아 바뀌었다.

스코틀랜드의 데이비드 1세David I, 1084~1153는 1135년부터 20년간 성을 차지했으며, 1296년에는 에드워드 1세가 스코틀랜드와 전투를 벌이기 위해 여기서 한때를 보냈다. '로버트 더 브루스Robert the Bruce'라고도 불리는 로버트 1세Robert I, 1274~1329는 1315년에 이 성을 포위했고, 1568년엔 스코틀랜드의 여왕 메리가 단기간 유폐된 적도 있다. 이곳이 마지막으로 전쟁사에 기록된 것은 1746년 '자코바이트Jacobite(제임스의 라틴식 이름인 '야코부스Jakobus'에서 유래, 명예혁명 이후 영국과 아일랜드에서 스튜어트왕조의 복위復位를 주장하던 정치세력)의 난'을 진압하려고 벌어진 성채 포위 공격이었다. 성은 회색과 붉은색 사암을 이용해 삼각형 모양으로 지어지는데, 약 1만 6,000제곱미터(4,840평) 규모였다.

시간이 지날수록 점점 튼튼해진 성

칼라일은 73년경 로마제국이 스코틀랜드와 대치할 요새로 조성한 도시였다. 로마제국의 14대 황제인 하드리아누스Hadrianus, 76~138는 브리타니아(현재 영국의 대브리튼섬을 일컫는 로마시대의 호칭)를 점령한 후, 북방에서 내려오는 이민족을 막기 위해 122년부터 126년까지 서쪽의 칼라일에서 동쪽의 뉴캐슬까지 장장 약 120킬로미터에 이르는 하드리아누스 방벽을 세운다.

월리엄 1세가 잉글랜드를 정복했을 당시 칼라일은 노섬브리아의 고스패트릭 가문이 다스리고 있었다. 1068년 칼라일은 스콧족Scots(스코틀랜드의 어원)의 왕에게 점령당한다. 월리엄 1세의 아들인 월리엄 2세William Ⅱ, 1056~1100는 1092년 칼라일을 함락해

월리엄 2세의 초상화.

도시를 재건하고 성을 세우도록 명령했다. 칼라일성은 로마의 옛 요새 자리에 흙과 목재로 건축된다.

요새로서 칼라일성의 역할은 월리엄 2세의 뒤를 이은 동생 헨리 1세Henry I, 1068~ 1135 때부터 시작되었다. 이곳은 서북쪽에서 잉글랜드로 들어오는 좁은 저지대 입구가 내려다보이는 곳에 자리 잡고 있어 전략적으로 중요한 위치에 있었다.

헨리 1세가 1122년 칼라일을 방문해 "성곽과 탑으로 강화하라" 고 명령하면서 성은 1130년대까지 석재로 개축된다. 이때는 하드리아누스 방벽의 돌을 떼어다 지었다.

헨리 1세가 세상을 떠난 1135년, 칼라일성은 스코틀랜드의 왕 데이비드 1세로 주인이 바뀐다. 데이비드 1세는 헨리 1세에 이어 성을 계속 고쳐 쌓으며 성채를 강화했다. 데이비드 1세가 사망하자 성의 통치자는 다시 잉글랜드왕으로 전환된다. 1186년 잉글랜드의 헨리 2세Henry II, 1133~1189는 성에 궁전을 조성했다. 13세기 초 존왕은 성의 외벽과 내벽을 돌로 재건한다. 이렇게 몇 세기를 거치며 성은 더욱 튼튼해졌다.

스코틀랜드와의 치열한 전쟁의 현장

칼라일성은 잉글랜드와 스코틀랜드의 국경지대에 있었기에 1603년 잉글랜드와 스코틀랜드가 1명의 왕으로 통합되기 전까지 전쟁은 계속된다.

스코틀랜드인들은 1173년에서 1461년 사이 7차례나 성을 포위했다. 이 중 가장 격렬했던 포위는 1315년 스코틀랜드왕 로버트 1세가 배넉번전투에서 잉글랜드를 상대로 승리한 후 펼친 공격이었다. 로버트 1세는 군대를 직접 지휘하며 전면 공격을 펼쳤지만, 제1대 칼라일 백작 앤드루 하클레이Andrew Harclay,

1400년경의 칼라일성을 상상해
그린 삽화.

1270~1323가 지휘하는 잉글랜드의 끈질긴 방어로 성을 함락하지 못하고 결국 퇴각한다. 하클레이는 1322년 에드워드 2세에 의해 칼라일 백작이 되었다. 하지만 자신이 직접 나서 로버트 1세와 스코틀랜드의 독립을 인정하는 협상을 했기에 반역죄로 몰려 1년 뒤 처형된다.

이 성은 영국내전의 주요 전장으로 수차례 역사의 주 무대로 올라선다. 특히 1461년의 포위전은 장미전쟁에서 가장 피비린내 나는 전투 가운데 하나로 기록돼 있다. 이 전쟁은 붉은 장미를 문장으로 쓰는 랭커스터 가문과 흰 장미를 문장으로 삼은 요크 가문이 왕좌를 차지하기 위해 30년 동안 벌인 내전이었다. 랭커스터 가문은 스코틀랜드군과 연합해 요크 가문으로부터 성을 함락시키는 데 성공한다.

1603년 후손 없이 세상을 떠난 엘리자베스 1세의 뒤를 이어 스코틀랜드의 제임스 6세James VI, 1566~1625가 제임스 1세로 잉글랜드와 스코틀랜드가 통합된 국가의 왕이 되면서, 칼라일성 같은 국경 요새의 필요성이 사라지는 듯했다. 그러나 찰스 1세가 통치하는 동안 스코틀랜드가 종교 정책에 극심히 반대해 칼라일성은 다시 전장이 된다. 영국내전은 찰스 1세를 지지하는 왕당파와 올리버 크롬웰이 이끄는 의회파 간의 전쟁이었다. 왕실주의자들이 수비한 칼라일성은 1644년 7월 마스턴무어전투에서 찰스 1세의 북부군이 패배한 후 왕을 위해 버티던 북쪽의 몇 안 되는 장소였다.

그해 10월, 찰스 1세에게 반대하던 의회파와 연합한 스코틀랜드군이 8개월 동안 성을 포위한다. 성안에서 굶주리던 왕당파들은 말, 개, 쥐 등을 닥치지 않고 잡아먹으며 버티지만, 1645년 6월 14일 네이즈비전투에서 나머지 왕당파가 패하자 6월 25일 항복하고 만다.

자코바이트들의 마지막 포위 공격

칼라일성은 추방된 스튜어트왕조의 제임스 2세와 그 직계를 왕좌에 복귀시키려 했던 자코바이트의 난 때 마지막 포위 공격을 당한다. 1745년 찰스 에드워드 스튜어트Charles Edward Stuart, 1720~1788 왕자는 자코바이트군을 이끌고 남쪽으로 진군하지만, 차츰 군의 지지를 잃어갔다. 이에 국경을 넘어 스코틀랜드로 후퇴해 칼라일성을 점령한다. 다음 해인 1746년 영국 역사에서 마지막으로 성채 포위 공격이 벌어지는데, 자코바이트군이 주둔하던 칼라일성은 컴벌랜드 공작 윌리엄 오거스터스William Augustus, 1721~1765가 이끄는 잉글랜드군에게 함락당했다.

1746년 4월 16일 컬로든전투에서 자코바이트가 패배함으

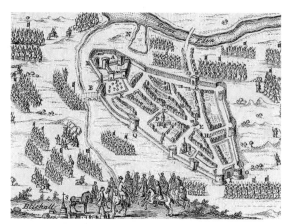
자코바이트 포위 작전을 그린 그림.

로써 반란은 완전히 마무리되고 1746년 이후 성의 중요성은 점차 약화된다. 프랑스의 전쟁포로들이 이곳에 억류되고, 1783년엔 도개교 등 건축물을 약간 수리했다. 또 1832년 영국에서 '최악의 육군 병원'으로 묘사되는 병원이 건설되기도 한다.

이 성은 19세기 초 정치개혁을 추구하는 운동가들이 일으킨 혁명에 대비하는 군대를 위해 막사로 개조되었다. 군대는 20세기까지 성내 건물을 계속 확장하고 발전시켰으며, 제1차 세계대전 때 성은 기지로 쓰이기도 한다. 이후엔 1962년까지 왕립 연대의 본부로서 막사와 중요한 수비대를 수용했다.

오늘날 이 성은 군사적 기능을 대부분 상실했지만, 성안에는 군사 박물관이 있다. 700년이 넘는 세월 동안 전장의 주 무대였던 칼라일성은 현재 전쟁이 사라진 평화로운 나날을 보내고 있다.

34만 명을 구한
세기의 구출 작전이 시행되다

도버는 영국과 유럽을 연결하는 항구도시다. 이곳에서는 낮에 사람들이 당구를 치거나 다트를 하며 시간을 보내는 모습이 자주 보이지만, 저녁이 되면 시내 곳곳이 술집으로 바뀌면서 색다른 분위기를 연출한다. 프랑스와 가까워 과거 침략당할 위험이 높았던 영국은 본토를 지키고자 도버성을 세웠다.

  푸른 초원과 어우러진 도버성에는 중세를 다룬 전쟁영화에나 등장하던 투석기나, 침략자들에게 맞서 싸웠음을 보여주는 대포가 전시돼 있다. 성안 곳곳에는 소품과 스피커를 설치해두어 공간별로 관람객들이 좀더 현장감을 느낄 수 있도록 했다. 성 꼭대기

도버성의 전경. 유럽 대륙과 가까운 지정학적 조건 때문에 영국의 수문장 역할을 한 군사적
요충지다.

에서 보면 도버 시내와 바다가 한눈에 펼쳐지는 이곳에선 어떤 전쟁사가 펼쳐졌을까?

영국 동남단에 있는 도버는 '영국을 여는 열쇠'로 불리며 도버해협에 면한 항구도시로, 영국이 로마의 지배를 받던 1세기경부터 영국과 유럽 대륙을 잇는 주요 관문 역할을 해왔다. 이곳에는 해발 114미터 높이의 석회암 절벽 위에 1066년 정복왕 윌리엄이 요새로 짓고 1188년 헨리 2세가 석조로 개축한 도버성이 있다. 맑은 날엔 도버해협 건너편에 있는 프랑스의 칼레항과의 최단 가시거리가 33.3킬로미터에 불과할 정도로, 이곳은 좋은 지정학적 조건 덕분에 전략적으로 중요한 요새였다.

이 성이 전쟁사에서 크게 활약한 시기는 제2차 세계대전 기간이다. 1940년 독일군의 전격전(신속한 기동과 기습으로 적진을 일거에 돌파하는 작전)으로 됭케르크 해안에 고립된 영국군과 프랑스·벨기에군 등 33만 8,000명을 영국 본토로 이송하기 위한 다이너모작전이 도버성 지하에 있는 해군 지휘소에서 펼쳐진다. 2007년까지 도버성엔 군용 막사가 남아 있었고, 해안을 바라보는 성벽엔 제1·2차 세계대전 당시 사용한 대공포대가 바다 건너 프랑스를 향해 있다.

예부터 군사적 요충지였던 곳

'도버Dover'라는 지명은 지역을 통과하는 '도어Dour강'에서 유래했다. 영국 역사에서 영국이 외부인에게 최초로 침략당한 사건은 기원전 55년 로마의 황제 율리우스 카이사르Julius Caesar(기원전 100~기원전 44)가 당시 갈리아(오늘날의 프랑스)를 지배하려고 정복을 시도한 일이다. 하지만 이 계획은 갑작스러운 침략 준비와 악천후로 실패하고 말았다. 1세기 무렵 클라우디우스Claudius(기원전 10~기원후 54) 황제가 영국의 중남부 지역을 침공해 로마의 속주屬州 (로마제국에서 296년 4두정치 체제 이전까지 본국 이탈리아 바깥의 가장 큰 행정 단위)로 만든다. 410년경 로마군이 영국에서 철수한 후 색슨족은 흙으로 쌓은 성벽과 수로, 나무 울타리로 도버를 방비했다.

　11세기에 들어서는 데인인Danes들의 침입으로 1017년 덴마크의 크누트Knut, 955~1035 대왕이 앵글로색슨 왕조를 대신해 잉글랜드의 왕이 되지만, 18년간의 통치를 끝으로 1035년 세상을 떠난다. '참회왕'이라 불리는 에드워드는 이부異父형제인 하다크누트Harthacnut, 1018~1043가 사망하자 1042년 왕위에 오르고, 앵글로색슨 왕조는 복원되었다. 하지만 에드워드가 1066년 1월 5일 후계자 없이 사망하자 왕위를 둘러싸고 전쟁이 벌어진다. 노르망디공국의 윌리엄 1세는 그해 10월 14일 영국 남동부 헤이스팅스에서 해럴드의 군대를 물리치고 승리하면서 노르만왕조를 수립했다. 그 후 윌리엄이 부대를 이끌고 대관식을 위해 런던에 있는 웨스트민스터사원으로 진군하던 중 도버를 점령하고 교회 부지 옆에 새로운 요새를 지은 것이 도버성의 시초다.

영국의 국가적 기초를 마련한 플랜태저넷왕조를 세운 헨리 2세가 왕국의 수비를 재편성할 때, 도버성은 1179년부터 1188년까지 석조로 대대적으로 개축된다. 헨리 2세는 모리스를 기술자로 임명하고 성의 내외부를 비롯해 그레이트 타워를 건립했다. 그레이트 타워는 왕의 방과 손님방, 연회실, 예배실, 부엌 등으로 구성된다.

가장 최전선에서 전쟁을 대비하다

도버성을 무대로 한 첫 번째 전쟁은 제1차 남작전쟁이다. 1216년 프랑스 왕자 루이가 이끄는 프랑스군이 존왕에게서 왕위를 빼앗기 위해 영국을 침공한다. 존왕은 성안에서 반란 귀족과 프랑스의 침입자 군대와 맞섰다. 성을 포위하는 동안 영국 수비수들은 바깥쪽으로 진을 치고 프랑스군을 공격한다. 프랑스군은 도버성을 영국군의 10배가 넘는 병력으로 땅굴 공격까지 감행하며 여러 차례 공략에 나섰지만 모두 실패하고 만다. 포위망이 뚫려 취약함이 드러난 북문은 '성 요한의 탑'을 포함해 지하 전방 방어 단지로 개조하고, 서쪽의 피츠윌리엄문과 동쪽의 컨스터블문에는 새로운 문을 짓는다. 그 뒤 도버성은 주요한 군사적 거점으로 떠올랐다.

18세기 말에 프랑스의 나폴레옹이 유럽 전역을 전쟁터로 만들자 영국은 1793년부터 프랑스와의 전쟁에 돌입한다. 도버성은 전쟁 대비용으로 1794년부터 1795년까지 대규모로 재건되었다. 영국 육군의 남부 지역 사령관인 윌리엄 트위스William Twiss, 1745~1827는 성 외곽의 방어 구역을 재정비했으며, 총안과 대포를 설치한다. 또 도버가 수비대 마을이 되면서 추가 병력과 장비를 갖추기 위해 막사와 창고가 필요하게 되었다. 이에 트위스와 왕실 공병대는 성의 약 15미터 지하에 비밀 터널을 만든다. 하지만 1805년 10월 21일 넬슨 제독이 이끄는 영국 해군이 프랑스·에스파냐의 연합함대를 트라팔가르해전에서 격파하면서 나폴레옹은 도버해협을 더는 넘보지 못했고, 도버성은 별다른 활약을 할 필요가 없었다.

긴박했던 다이너모작전의 무대

도버성은 제2차 세계대전 때 됭케르크 철수를 실행한 다이너모작전의 사령부로 쓰이면서 전쟁사에 큰 역할을 하게 된다. 성의 지하 터널은 공습 대피소로 바뀌고 확장 과정을 거쳐 해군 지휘소와 병원으로 전환되었다. 또 적의 항공기와 함정을 식별해, 런던을 포함해 영국의 주요 작전 지휘소에 보고하고 위협을 미리 경보해주는 기능도 담당한다.

1939년 9월 1일 독일이 폴란드를 침공하면서 제2차 세계대전이 발발했다. 독일은 소련과 폴란드를 분할 점령한 후에 덴마크와 네덜란드를 차례대로 정복한다. 독일의 다음 상대는 오랜 숙적인 프랑스였다. 1940년 5월 10일 독일은 기갑부대 대부분을 아르덴 숲에 투입하는 낫질작전을 펼친다. 그러면서 이곳에 소수의 방어 병력만 배치하고 벨기에 북쪽에 주요 병력을 집결한 프랑스의 급소를 찌른다. 또 이 작전은 유럽 대륙에 파견된 영국 원정군BEF, British Expeditionary Force과 프랑스군 사이의 병력과 통신 시설을 갈라놓았다.

독일의 기갑사단은 프랑스의 방어선을 돌파하고 5월 14일과 15일 뮤즈강을 건넌 후, 그대로 영국해협을 향해 서쪽으로 밀고 나간다. 독일군은 5월 19일 아브빌 서쪽 해안을 확보한 뒤 영국 원정군과 프랑스·벨기에 연합군을 포위했다. 연합군 35만여

'다이너모작전'이 유래한 다이너모 룸을 재현한 모습.

됭케르크철수작전을 성공시킨 주역인 영국 해군 제독 버트럼 홈 램지 경.

명은 퇴로를 차단당한 채 됭케르크Dunkirk(프랑스 북부의 항구도시) 해안에 고립돼 그대로 전멸 위기에 내몰린다. 영국군 사령관이었던 육군 원수 존 베레커John Vereker, 1886~1946 경은 자신에게 주어진 가장 중요한 사명은 병사들을 구출하는 것이라고 판단해 병력을 북쪽으로 철수하도록 했다.

이때 영국군과 연합군의 구출 작전이 도버성에서 펼쳐진다. 영국 해군 제독 버트럼 홈 램지Bertram Home Ramsay, 1883~1945 경은 도버성 지하의 해군 지휘소 중 발전기가 있던 다이너모 룸에서 수상 윈스턴 처칠에게 영국군 구출 작전의 개요를 설명했다. 처칠은 이 작전을 승인했는데, 연합군의 작전명인 '다이너모작전'은 이 방의 이름에서 유래한다.

램지는 1898년 영국 해군에 입대해 제1차 세계대전 중인 1915년 8월 첫 함정 지휘관으로서 모니터함 M25를 맡기도 했다. 그는 40년을 복무하고 1938년 해군에서 퇴역한다. 하지만 1년 뒤에 전운이 감돌자 윈스턴 처칠의 명령으로 재입대하게 된다. 램지 경은 됭케르크철수작전을 성공시킨 공로로 조지 6세에게 바스Bath 훈장을 수여받았다.

영국을 극적으로 살린 됭케르크 철수

선박 900여 척을 동원하며 5월 26일부터 6월 4일까지 진행된 됭
케르크철수작전으로 영국군 22만 6,000명과 프랑스·벨기에 연
합군 11만 2,000명 등 33만 8,000명의 병력이 무사히 도버 해안
으로 철수한다. 공교롭게도 됭케르크철수작전이 시작된 날, 히틀
러가 갑자기 독일 기갑부대에 그만 전진할 것을 명령하고, 이틀 뒤
인 5월 28일 명령을 철회했다(히틀러가 왜 전진을 중단시켰는지는 수
수께끼로 남아 있다). 그 후 독일군이 다시 전진하면서 연합군은 이
틀의 시간을 벌 수 있었다. 이는 다시 독일군에게 반격할 큰 힘이
되었다.

　　철수 작전은 대체로 성공했지만, 영국군은 화포를 비롯해 중

됭케르크철수작전을 실시한 현장.

장비와 차량을 모두 프랑스에 두고 올 수밖에 없었다. 프랑스 병사 수만 명은 됭케르크의 포위망 안에서 포로가 되었다. 수많은 사상 자와 실종자 등을 포함해 해상 피해도 적지 않았다. 영국 구축함 6척, 프랑스 구축함 3척, 대형 선박 9척이 격침되고, 구축함 19척이 손 상되었다. 또 연합국 선박이 200척 이상 침몰했으며 선박 200척 이상이 손상을 입었다.

도버성에는 1941년 군사 전화교환기가 설치돼 지하 본부에 서 서비스를 제공하기 시작했다. 전쟁 중에 독일군의 폭격으로 도 버 일대는 불바다가 되지만 도버성은 모두 화를 면했다. 도버성이 파괴되지 않은 이유는 이 성이 전략적으로 중요해 독일군이 일부 러 폭격하지 않았기 때문이라는 설도 있다.

1962년 쿠바 미사일 위기 이후 1980년대까지 도버성의 지 하터널은 핵전쟁이 발발하면 영국 지방정부의 피란처로 사용할 수 있도록 마련되었다. 2000년엔 램지 경의 동상이 제작돼 도버 성 근처에 세워졌다. 2001년부터 도버성의 지하터널이 일반에게 공개되었다. 잉글리시 헤리티지English Heritage(영국의 역사적 건축물 을 보호하기 위해 영국 정부가 설립한 단체)는 지난 2007년과 2009년 사이 성 내부를 수리하는 데 254만 파운드(한화로 약 39억 8,825만 원)를 사용했다. 1,000년의 세월을 견뎌낸 도버성은 오랜 전쟁을 마감하고 자신의 자리를 지키고 있다.

세계에서 가장 많이 공격받은 요새

—★—★—★—★— 에든버러성 —★—★—★—★—

영국자치령으로 영국을 구성하는 4개 나라 중 하나인 스코틀랜드에 있는 고대 요새인 에든버러성을 아는가? 이곳은 바위산에 세워진 요새로, 높은 지대에 있어 사방으로 펼쳐진 에든버러 시내를 내려다볼 수 있다. 한 번의 전쟁으로도 수많은 인명 피해와 물적 피해가 생기기 마련인데 이곳은 세계에서 가장 많이 공격받은 요새로 알려져 있다. 특히 제2차 세계대전으로 상처받은 사람들의 정신을 치유하고자, 여기선 세계 최대의 국제 음악 페스티벌이 열리곤 한다. 에든버러성엔 어떤 슬픔과 아픔이 있었던 것일까?

영국은 잉글랜드, 스코틀랜드, 북아일랜드, 웨일스로 구성된

에든버러성의 전경. 구릉 위에 세워진 이 요새는 에든버러의 상징이자 스코틀랜드의 역사라고
해도 과언이 아니다.

연합국이다. 런던에서 북쪽으로 629킬로미터 이상 떨어진 에든 버러성은 스코틀랜드를 상징하는 건축물이다. 가파른 절벽이 성의 3면을 둘러싸고 있는 천혜의 요새로, 경사가 완만한 동쪽 입구로 만 접근할 수 있다. 7세기에 요새로 출발해 11세기에 성으로 증축 되고 나서 스코틀랜드와 잉글랜드가 벌인 수많은 전쟁사가 이곳 을 중심으로 펼쳐졌으며, 26회가 넘는 포위 공격으로 세계에서 가 장 많이 공격받은 성으로 알려져 있다.

에든버러성은 요새와 궁전, 군사시설, 감옥 등 시대에 따라 다 양한 용도로 활용되었다. 스코틀랜드 왕관을 비롯해 보석으로 장식 된 지휘봉인 왕홀, 보검, 스콘의 돌 등이 이 성에 보관돼 있다. 왕관 과 왕홀, 보검은 1707년 스코틀랜드와 잉글랜드가 통합된 후 사라 졌다가 100년 후에 다시 발견된 보물이다. 이 보물들은 1818년 스 코틀랜드 역사에 정통한 문호로 『아이반호』를 쓴 월터 스콧Walter Scott, 1771~1832 경이 왕궁 깊은 곳에 은닉된 창고에서 찾아내기 전 까지 잊힌 채로 있었다. 스코틀랜드의 왕이 그 위에 올라서서 대관 식을 행했다는 스콘의 돌은 웨스트민스터사원에 있다가 1996년 이곳으로 반환된다.

'구릉 위에 세운 요새'

전쟁사로 점철된 이 성의 역사는 7세기 초 켈트족의 일파인 브리튼족이 고도딘왕국을 세우고 높이 133미터인 캐슬록Castle Rock(바위성)에 요새를 지으며 시작된다. 에든버러Edinburgh는 '구릉 위에 세운 요새'라는 의미의 '딘 에이딘Din Eidyn'에서 유래했는데, 7세기 중반 잉글랜드 북부 앵글인Angle(5~6세기 브리타니아로 이주한 게르만족의 한 갈래)들이 세운 노섬브리아왕국(앵글로색슨족의 7왕국 중 하나)의 침략으로 고도딘왕국은 멸망하고 만다.

이후 스코틀랜드의 수도인 에든버러는 300년 동안 앵글로색슨족의 지배를 받는다. 10세기에 이르러 스코틀랜드인이 이곳을 탈환해 11세기에 요새를 성으로 증축했다. 에든버러는 1128년 데이비드 1세가 도시에 홀리루드궁을 건설하면서 스코틀랜드의 수도가 된다. 에든버러성은 12~16세기 건축물인 세인트 마거릿 예배당, 그레이트 홀, 크라운 룸 등으로 구성돼 있으며 이 성의 전체 건물과 대지면적은 기록이나 문서로 정확히 남아 있지는 않다.

스코틀랜드와 잉글랜드의 뺏고 뺏기는 각축장

스코틀랜드는 잉글랜드와 국경을 바로 맞대고 있기에 영토를 둘러싸고 전쟁이 잦았다. 주로 군사력이 강한 잉글랜드가 스코틀랜드로 쳐들어왔다. 이때마다 에든버러성은 주요한 전장이 되고 결과에 따라 여러 번 주인이 바뀐다. 잉글랜드가 이 성을 처음 점령한 시기는 1174년이다. 애닉전투 당시 스코틀랜드의 사자왕 윌리엄 1세William I, 1143~1214는 잉글랜드에 패하고 포로로 잡혔다. 그리고 그는 이 성을 포기하고 프랑스의 팔레즈로 끌려가 헨리 2세의 신하가 된다는 조건 아래 풀려난다. 그 후 1186년까지 잉글랜드군이 이 성을 점령했다.

다시 스코틀랜드의 소유로 돌아온 후 스코틀랜드 왕가는 에든버러성을 주요 거주지로 삼는다. 알렉산더 3세는 스코틀랜드를 독립적이고 부유한 왕국으로 만든 왕이다. 그가 12세였던 1251년, 잉글랜드왕 헨리 3세의 딸 마거릿의 정략결혼을 통해 스코틀랜드와 잉글랜드가 동맹관계를 맺으면서 양국의 사이가 나아졌다. 하지만 1286년 알렉산더 3세의 죽음으로 공석이 된 스코틀랜드의 왕위를 놓고 귀족들 사이에 내분이 벌어진다. 그리고 1296년 3월 잉글랜드의 에드워드 1세가 왕위를 주장하며 스코틀랜드를 침공했다. 이때 에든버러성은 단 3일간의 포위 공격으로 함락되고, 1313년 로버트 1세가 성을 되찾기까지 잉글랜드군이 주둔한다.

1307년 에드워드 1세의 병사 후 스코틀랜드에 대한 잉글랜드의 지배력은 약화되었다. 1314년 3월 14일 스코틀랜드의 왕 로버트 1세의 조카인 토머스 랜돌프Thomas Randolf, 1329~1332가 이끄는 소수 정예 부대가 야간 기습으로 잉글랜드로부터 성을 되찾는다. 로버트 1세는 스코틀랜드의 독립을 위해 잉글랜드의 에드워드 1세부터 3세까지 왕 3명과 싸웠다. 로버트 1세는 잉글랜드가 다시 점령당하는 것을 막으려 1130년대에 데이비드 1세가 자신의 어머니를 위해 지은 세인트 마거릿 예배당을 제외한 나머지

로버트 1세의 초상화. 에든버러성의
입구에 그의 동상이 세워져 있다.

건물을 모두 파괴하라는 명령을 내린다. 1314년 6월엔 배넉번전 투에서 승리를 거두면서 스코틀랜드는 사실상 독립을 맞이했다.

이후 20년 동안 폐허로 방치되다가 1334년 잉글랜드의 에드워드 3세가 스코틀랜드를 침공해 에든버러성을 다시 한번 점령한다. 이 왕은 영국과 프랑스가 100년에 걸쳐 싸운 백년전쟁을 일으킨 장본인이기도 하다. 1341년 스코틀랜드의 귀족인 윌리엄 더글러스가 성을 되찾은 뒤 1356년부터 로버트 1세의 아들인 데이비드 2세David II, 1324~1371가 재건했으며, 데이비드 2세는 후손 없이 향년 47세를 일기로 1371년 2월 22일 이 성에서 생을 마감했다.

중세 이후에도 이어진 잉글랜드와의 전쟁

스코틀랜드의 건국 이래 최고의 번영기를 이룬 제임스 4세James IV, 1473~1513를 위해, 1511년 성대한 연회와 국가 행사를 여는 그레이트 홀이 이 성에 완공된다. 하지만 정작 제임스 4세는 2년 뒤인 1513년, 처남 헨리 8세가 보낸 영국군과의 플로덴전투에서 전사했다. 그렇게 부왕에 이어 제임스 5세James V, 1512~1542가 왕위에 오른다. 당시 잉글랜드의 지배에 저항하던 아일랜드 지도자들이 제임스 5세를 아일랜드왕으로 추대하자, 헨리 8세는 자신을 스코틀랜드왕이라고 칭하면서 전쟁을 일으켰다. 하지만 1542년 11월 24일 스코틀랜드군은 잉글랜드 북부 컴벌랜드에서 잉글랜드군과 벌인 솔웨이모스전투에서 완패하고 만다. 이에 제임스 5세는 실의에 빠져 신경쇠약을 앓다가 그해 12월 14일 병사했다.

이때 에든버러성에서 태어난 메리 스튜어트Mary Stuart, 1542~1587는 제임스 5세의 유일한 적손嫡孫으로 겨우 생후 6일 된 신생아일 때 여왕으로 추대된다. 헨리 8세는 그의 아들 에드워드 6세 Edward VI, 1537~1553와 메리의 결혼을 제안했다가 거부당하자

1560년 프랑수아 클루에가 그린 메리 스튜어트의 초상화.

1543년 12월 전쟁을 재개했다. 스코틀랜드인들은 이 전쟁을 '난폭한 청혼War of the Rough Wooing' 이라고 표현한다. 그야말로 억지로 청혼했다가 거절당해 전쟁을 일으킨 것이나 마찬가지였으니 말이다. 잉글랜드군은 1544년 에든버러성을 점령하지만, 항복을 받아내지는 못했다.

1548년 메리 여왕이 프랑스로 피신한 뒤 프랑스의 왕세자

프랑수아 2세François II, 1544~1560와 약혼하자 잉글랜드는 1550년 프랑스와의 불로뉴조약을, 1551년 스코틀랜드와 노럼조약을 체결하면서 전쟁을 종결한다. 메리 여왕은 1558년 결혼한 프랑수아 2세가 2년 만에 사망하자, 1561년 스코틀랜드로 귀국한다. 그 뒤 단리Darnley 경 헨리 스튜어트Henry Stuart, 1545~1567와 재혼해, 이 성에서 1566년 제임스 6세를 낳는다. 하지만 단리 경마저 죽자 메리 여왕은 제임스 헵번James Hepburn, 1534?~1578과 또 재혼한다.

메리 여왕이 스코틀랜드 귀족들에 의해 잉글랜드로 망명한 뒤 제임스 6세는 생후 13개월 만에 스코틀랜드의 왕이 된다. 1571년 5월엔 왕의 지지자들 사이에서 랑 공방전이 시작되었다. 이때 전투가 벌어진 2년 동안 성의 건물 일부가 대포 공격에 크게 파괴되기도 한다. 그러면서 1603년 후손이 없는 잉글랜드의 엘리자베스 1세의 뒤를 이어 제임스 6세가 제임스 1세가 되면서, 잉글랜드와 스코틀랜드의 통합 왕위에 올랐다.

이후 왕의 에든버러성 방문은 뜸해지지만, 전쟁은 사그라들지 않는다. 1639년에 알렉산더 레슬리Alexander Leslie, 1580?~1661 장군이 이끄는 코베난터군Covenanter(청교도혁명 당시 의회파와 동맹한 스코틀랜드 세력)은 성을 불과 30분 만에 함락한다. 1689년엔 잉글랜드의 윌리엄 3세William III, 1650~1702가 성을 포위하고 1707년엔 스코틀랜드와 잉글랜드가 대브리튼왕국으로 합병하면서 양국의 전면전은 멈추지만, 이 성에서의 전쟁은 끝나지 않았다.

기나긴 전쟁의 종지부를 찍은 에든버러성에서의 마지막 전쟁

1577년 랑 공방전을 그린 목판화.

은 제임스 2세의 복위를 목표로 일어난 폭동인 자코바이트의 난으로, 1745년 9월 자코바이트군은 싸움 없이 성을 점령한다.

전쟁이 지나간 자리에 음악이 흐르다

이후 이 성은 18세기부터 7년전쟁, 미국독립전쟁, 나폴레옹전쟁 당시 전쟁포로를 가두는 감옥으로 활용된다. 하지만 1811년 남쪽 성벽의 구멍을 통해 전쟁포로 49명이 탈출하면서 감옥의 역할은 1814년 중단되었다가, 제1·2차 세계대전을 맞아 다시 재개되었다. 1929년 에든버러성의 입구에 토머스 클랩퍼튼Thomas Clapperton, 1879~1962이 제작한 로버트 1세와 알렉산더 캐릭Alexander Carrick, 1882~1966이 만든 윌리엄 월리스의 동상이 세워진다. 둘 다 스코틀랜드의 독립에 혁혁한 공을 세운 인물로 알려져 있다.

에든버러성에서는 제2차 세계대전 직후 유럽인들에게 가해진 전쟁의 상흔을 치유하는 목적으로 1947년부터 '에든버러 국제 페스티벌Edinburgh International Festival'이 매해 8월에 열린다. 행사를 위해 이 성엔 영국군의 지역 사령부와 병사들이 주둔하고 있다. 축제의 백미는 전 세계 군악대가 합동 공연을 하는 '로열 에든버러 밀리터리 타투Royal Edinburgh Military Tattoo'로, 한국 군악대도 2013년 참가했다. 이렇게 가장 많이 공격받았던 에든버러성은 음악으로 전쟁의 아픔과 고통을 지워가고 있다.

4장

이
탈
리
아

유구한
역사만큼 긴
전쟁의 역사

생명이 여가의 수단이 된
투기의 장

──◆◆──◆◆── 콜로세움 ──◆◆──◆◆──

어떤 위치에서도 거대함에 압도되는 고대 로마의 원형경기장인 콜로세움은 관객 5만 명가량을 수용할 수 있을 정도로 어마어마한 크기를 자랑한다. 과거 이곳에서는 신분에 따라 앉는 좌석이 달랐다. 콜로세움에서는 피비린내 나는 전투 경기가 펼쳐졌다. 스포츠라고 하기엔 무척이나 잔인한 경기였다. 경기를 위해 싸우는 검투사들은 전쟁포로나 노예, 또는 범죄자였지만 당시 경기의 인기가 너무 높아 돈을 벌기 위해 참가하는 사람도 있었다. 로마인들이 주식으로 밀을 먹었다면 이들은 출혈을 빨리 멈추게 하는 보리를 먹었다고 전해진다. 이들은 왜 그토록 목숨을 걸고 싸웠을까?

콜로세움의 외관. 원형경기장은 로마제국의 영토 곳곳에 세워졌지만 그중 콜로세움이 여러 면에서 으뜸이라고 할 수 있다.

콜로세움은 현존하는 로마제국의 가장 거대한 건축물로 정식 명칭은 '플라비우스 원형경기장Amphitheatrum Flavium'이다. 사실 원형경기장은 이탈리아 곳곳에서 찾아볼 수 있는데, 대부분 도시 외곽 지역에 있었던 것과 달리 콜로세움은 도시 중심부에 있었다.

이 건축물은 72년 베스파시아누스Vespasianus, 9~79 황제가 건설을 시작해 그의 아들인 티투스Titus, 39~81 황제가 80년 완공한다. 콜로세움 남쪽 입구엔 "베스파시아누스 황제는 전리품으로 새 원형경기장을 지었다"는 헌납 비문碑文이 남아 있다. 이는 콜로세움을 그리스계 로마인과 유대인 사이의 종교적 분쟁인 제1차 유대전쟁(66~73)의 전리품과 포로들의 노동으로 건축했기 때문이다. 전쟁포로가 된 유대인들은 로마에서 20킬로미터 정도 떨어진 채석장에서 돌을 옮겨 콜로세움을 짓는다.

영화에서나 볼 법한 검투사들의 무대

로마는 대규모 정복 전쟁을 통해서 지중해 연안과 유럽 대부분을 차지한 대제국이었다. 그런 로마제국의 시민들은 원형경기장을 공공 오락 시설물로 여겼다. 관중 약 5만 명을 수용할 수 있는 이곳은 검투사들의 결투와 동물 사냥이 이루어지고 고전극을 상연하는 무대로도 활용되었다.

이곳에서 펼쳐지는 검투 경기는 단연 최고의 인기 스포츠였

콜로세움의 내부.

다. 당시 검투사들은 대부분 전쟁포로와 노예 또는 범죄자의 신분이었음에도 대중의 인기를 한몸에 받는 유명인들이었다. 그들은 계속 승리하다 보면 부와 명성을 얻을 수 있었기에 목숨을 걸고 경기에 임했다.

　기원전을 전후해 정복 전쟁을 벌여 지중해 연안과 유럽 대부분을 차지한 로마제국은 북아프리카에서는 코끼리, 누비아에서는 하마, 메소포타미아에서는 사자 등 이국의 동물들을 공수해온다.

생명이 여가의 수단이 된 투기의 장

콜로세움에서 동물 사냥 경기 때 쓰인 다른 지역의 동물들은 로마가 정복한 여러 도시를 로마 시민들에게 환기하는 정치적 상징이었다. 로마는 정복한 범위가 넓어질수록 더 이국적인 동물들을 데려오곤 했다. 통계상 대략 50만 명의 검투사와 100만 마리가 넘는 동물이 죽은 콜로세움은 우리 안의 전쟁터나 다름없었다.

'콜로세움Colosseum'이라는 이름은 네로Nero, 37~68 황제가 자신의 모습을 본떠서 만든 30미터 높이의 동상인 '콜로서스 네로니스Colossus Neronis(거대한 네로)' 앞에 지었기에 '거대하다'는 뜻의 라틴어 '콜로살레Colossale'에서 유래한다.

콜로세움의 규모를 먼저 살펴보자. 이 건축물의 직경에서는 긴 쪽이 188미터, 짧은 쪽이 156미터이며 둘레는 약 527미터, 높이는 약 48미터다. 1층은 간소하지만 무게감이 느껴지는 도리아식이며, 2층은 부드럽고 섬세한 이오니아식으로, 3층과 4층은 화려하고 풍성한 코린트식으로 지어져 그리스·로마시대를 대표하는 3가지 건축양식이 총동원되었다.

외벽은 대리석으로 장식되고, 아치 80개로 둘러싸였다. 경기장 바닥엔 나무를 깔고 경기할 때 흘린 피를 숨기기 위해 종종 붉은색을 띠는 모래를 덮었는데 이를 '아레나Arena(전장 또는 투기장)'라고 불렀다. 오늘날 미국의 이종격투기 대회인 UFC를 비롯해 격투가 벌어지는 경기장을 흔히 일컫는 아레나의 어원은 바로 콜로세움에서 비롯된 것이다.

콜로세움이 세워진 배경은 네로 황제의 통치 말기로 거슬러 올라간다. 68년 6월 9일 네로의 죽음으로 비어 있는 왕좌를 두고 18개월 동안 로마 내전이 이어졌다. 당시 유대 반란 진압군의 총사령관이었던 베스파시아누스는 네로의 생전에 로마에 대항해 일어난 유대 반란 사건을 진압하기 위해, 그의 아들 티투스와 함께 팔레스타인 지역에서 제1차 유대전쟁을 벌이고 있었다.

스파니아(오늘날의 에스파냐)의 총독이었던 갈바Galba(기원전 3~기원후 69), 근위대가 지지한 오토Otho, 32~69, 게르마니아(게르만족이 거주하던 중부유럽 일대)의 라인 군단이 지지한 비텔리우스Vitellius, 15~69가 내전을 일으켜 황제가 됐으나 원로원과 시민들의 지지를 얻지 못하고 금방 물러난다. 69년 7월 베스파시아누스는 황제가 되기 위해 군대를 이끌고 로마로 떠나고, 유대전쟁은 아들인 티투스에게 마무리 짓도록 했다.

69년 12월 베스파시아누스는 내전에서 승리를 거두며 로마의 제9대 황제가 된다. 새로운 황제에게 주어진 임무는 내전으로 황폐해진 로마를 재건하고 전前 황제이자 폭군이었던 네로의 기억을 지우는 것이었다. 평범한 집안에서 태어나 브리타니아 지역을 정복해 명성을 얻은 군인이었던 베스파시아누스는 자신의 정치적 입지를 강화하고자 네로의 황금 궁전을 허물고 원형경기장 건립을 계획한다.

베스파시아누스 황제의 흉상.

1672년 가브리엘 블랑샤르가 그린 〈로마의 콜로세움을 건설한 베스파시아누스〉. 베스파시아누스(가운데 갑옷을 입은 인물)가 주요 인물과 함께 콜로세움 건설 전반을 논의하는 장면을 보여주고 있다.

네로가 집권하던 64년 로마에는 큰 화재가 일어나 도시의 3분의 2가 불타고 사상자 수천 명과 이재민이 발생했다. 황금 궁전은 네로가 일반 시민들의 주거지였던 이 화재 지역을 몰수해 건립한 황제의 초호화 궁전이었다. 하지만 원대한 계획과는 달리 베스파시아누스 황제는 79년에 세상을 떠나면서 콜로세움이 완공되는 것을 지켜보지 못한다. 당시 콜로세움은 2층까지만 지어진 상태였다.

베스파시아누스의 아들인 티투스가 예루살렘을 함락하며 제1차 유대전쟁에 승리한 후, 71년에 예루살렘에서 가져온 수많은 전리품과 포로의 행렬이 줄을 잇는다. 베스파시아누스가 집권할 당시 내전으로 로마 재정은 파탄이 난 상태였는데, 유대 원정의 전리품들은 재정을 충당하고 콜로세움 건축에도 쓰였다. 티투스는 전쟁포로로 끌고 온 유대인 10만여 명 중에서 4만여 명을 콜로세움 건설에 투입하고 나머지는 노예로 팔아 건축비에 보탰다.

피바다를 이룬 살육의 현장

콜로세움의 개장은 티투스 황제의 몫이 되었다. 아버지에 이어 즉위한 티투스는 80년에 3층까지 완공된 콜로세움을 공식 개장해 국민의 신뢰를 쌓을 의도로 100일 동안 축제를 열었다. 검투사들의 경기와 맹수들의 싸움으로 경기장은 핏빛으로 물들어간다. 그렇게 100일 동안 지속된 이 행사에서 검투사 2,000명과 야생 동물 5,000마리가 희생되었다. 티투스는 축제가 끝날 때쯤 하염없이 눈물을 흘렸다고 전해진다. 이를 두고 자신의 죽음을 예측한 것이라는 의견도 있다. 실제로 티두스는 이듬해 병사하고 만다.

티투스의 뒤를 이은 동생 도미티아누스Domitianus, 51~96 황제는 콜로세움의 맨 위층인 4층을 추가로 올리고, 야간경기를 도입함으로써 극적 효과를 더했다. 현존하는 콜로세움의 모습은 도미티아누스 황제 때 비로소 완성됐는데, 이 시기에 콜로세움 경기장 내부에 물을 채우고 배를 띄워 모의 해전인 '나우마키아Naumachia'를 실시했다는 고대 기록이 남아 있다. 이를 두고 학계에서는 여러 가지 의문이 제기됐고, 최근 연구에 따르면 모의 해전은 경기장의 무대와 기둥들을 치웠다가 다시 설치하는 방식으로 운영했다고 밝혀진다. 하지만 경기장에 물이 새지 않도록 하고 배가 어떻게 원형경기장 안으로 들어올 수 있었는지 등은 아직도 풀리지 않은 수수께끼다.

로마의 영토를 가장 넓힌 트라야누스Trajanus, 53~117 황제는 다키아(오늘날 도나우강의 북부 영역으로 루마니아와 체코 근처)를 제1차 전쟁(101~102)과 제2차 전쟁(105~107) 2번에 걸쳐 정복한 기념으로 콜로세움에서 대대적인 행사를 벌인다. 이때 검투사 1만여 명과 동물 1만 1,000여 마리가 희생되었다고 전해진다. 콜로세움에서는 313년 콘스탄티누스 1세Constantinus I, 280?~337가 밀라노 칙령을 내리기 전까지 200여 년 동안 신성 모독죄라는 이름으로

1864년 울피아노 체사가 콜로세움에서 이루어진 모의 해전 '나우마키아'를 상상해 그린 그림.

여러 기독교인이 처형되었다. 기독교의 확산으로 살인을 금기시하는 문화가 자리 잡으면서 검투 경기는 399년에 비로소 공식적으로 금지된다.

죽음의 공간에서 생명 존중의 공간으로

로마제국은 395년 동서로 갈라지고, 서로마제국의 수도는 402년 이후 로마에서 라벤나로 옮겨졌다. 410년 8월 24일엔 알라리크 1세Alaricus I, 370~410가 이끄는 서고트족이 로마를 침공하면서 약탈이 자행된다. 당시 콜로세움은 묘지로 사용되고, 66년이 흐른 후 세력이 약해진 서로마제국은 멸망하고 만다.

콜로세움은 중세 초기까지도 원형경기장으로 쓰이다가 이후 엔 로마에 세워진 교회나 궁전 건축에 쓰이는 건축자재 공급처로 활용된다. 저명한 로마 가문인 프란제파니 가문과 안니발디 가문 은 이곳을 요새로 이용하기도 했다. 사실 기독교가 지배하기 시작 한 후에 콜로세움의 아치마다 놓인 수많은 조각상과 벽면을 장식 하던 대리석은 모두 제거되고, 떼어낼 수 있는 것들은 모두 떼어지 게 된다.

그렇게 웅장했던 경기장은 소홀히 관리되고 여러 차례 지진 까지 일어나면서 계속 손상되었다. 1749년 교황 베네딕토 14세 Benedictus XIV, 1675~1758가 콜로세움에서 석재를 가져가는 것을 금 지하고 이곳에서 죽은 기독교 순교자들을 위해 중앙에 십자가를 세우면서, 콜로세움을 복구하려는 시도는 19세기가 되어서야 겨 우 이루어진다.

1930년대엔 이탈리아의 총리인 베니토 무솔리니Benito Mussolini, 1883~1945가 로마제국의 영광을 재현하고자 콜로세움에 서 파시스트 집회를 개최했다. 불행히도 집회 동안 콜로세움의 일 부분이 파손되고 개조되기도 한다. 또 제2차 세계대전 중에 콜로 세움은 이탈리아와 동맹을 맺은 히틀러의 독일군 폭탄 보관소로 쓰이는데, 현재 발굴 중인 이곳에서는 당시의 무기가 발견되기도 했다.

1930년대 콜로세움 앞에서 파시스트 집회를 열고 있는 무솔리니의 군대.

오늘날 콜로세움은 원래 건물의 3분의 1도 남지 않은 채 뼈만 앙상한 모습이다. 전쟁포로로 끌려온 유대인들이 만들고 죄수들에겐 잔인한 사형장이었던 콜로세움은 1999년부터 사형제도의 폐지를 외치는 국제적인 캠페인의 상징물로 자리 잡는다. 로마시는 각국에서 사형제도가 유예되거나 폐지될 때마다 콜로세움을 비추는 야간 조명을 바꿔서 사형제도 폐지를 옹호하고 있다. 이렇게 수천 년 동안 죽음의 공간이었던 콜로세움은 오늘날 인간 생명을 존중하는 건축물로 거듭났다.

로마제국의 영광을
간직하다

—·──·──·──·──·── 콘스탄티누스개선문 ──·──·──·──·──·──

박진감 넘치는 액션과 고대 로마의 시대상을 웅장하게 표현한 영
상으로 호평받는 영화 〈글래디에이터〉를 본 적이 있는가? 영화의
촬영지는 다름 아닌 이탈리아의 로마다. 특히 영화에 자주 등장하
는 콜로세움 옆에는 개선문이 있다. 1960년 로마올림픽의 마라톤
결승선이기도 한 장소는 바로 '콘스탄티누스개선문'이다. 나폴레
옹은 이 개선문을 보고 감탄해 파리에 이를 본떠 카루젤개선문을
만들었다. 콘스탄티누스개선문에는 어떤 전쟁사가 숨어 있을까?

로마시대 개선문 중 으뜸을 자랑하는 문

이탈리아의 수도 로마에는 옛 로마제국의 영광이 서려 있다. 로마엔 S자로 흐르는 테베레강을 중심으로 동쪽 구시가지에 유적지가모이고 강 서편엔 바티칸시국이 자리하고 있다. 로마제국이 만든상징적인 건축물은 개선문이다. 개선문은 전쟁에서 승리하고 돌아오는 황제 또는 장군을 기리기 위해 세운 대문이다. 로마인들에게 기술문명을 전수한 에트루리아인들은 도시 입구에 잘 조각된아치형 문을 설치했는데 이것이 개선문의 시초라고 할 수 있다. 현재 유럽엔 개선문 200여 개가 남아 있는데, 그중 312년 콘스탄티누스 1세의 밀비우스 다리 전투 승리를 기념해 315년에 만든 콘스탄티누스개선문은 로마제국을 대표하는 개선문이다.

　로마의 7대 언덕으로 꼽히는 캄피돌리오언덕(카피톨리노언덕)과 팔라티노언덕 사이에는 '로마 공회장Foro Romano('포로foro'는 '광장'을 뜻하는 로마어로 오늘날 '포럼forum'의 어원)'이 있다. 이곳은 로마의 심장으로 불리며, 정치·경제·종교의 중심지로 화려하게 꽃을 피운 장소다. 로마를 건국한 초대 왕이라 전해지는 로물루스Romulus, ?~?는 여기에 터를 잡았으며, 로마 공회장에는 로마시대부터 온전한 상태로 남은 개선문 3개가 있다.

　북쪽 비탈길 위에 세워진 '티투스개선문', 포로로마노에서 캄피돌리오언덕으로 가는 길목에 세워진 '셉티므세베르개선문', 팔라티노언덕과 콜로세움 사이에 있는 '콘스탄티누스개선

콘스탄티누스개선문의 정면. 기독교가 로마의 국교로 공인되는 계기가 된 역사적인 밀비우스 다리 전투가 부조로 섬세하게 새겨져 있다.

문'이 바로 그것이다. 이 중 가장 크고 으뜸으로 꼽히는 개선문은
콘스탄티누스개선문이다. 이 개선문은 당시 전쟁 승리에 환호성
을 지르던 군인들이 점령한 오래된 길인 '비아 트리움팔리스Via
Triumphalis(승리자의 길)'에 있다. 장군들은 개선문을 통과해 황제에
게 승전 소식을 알리곤 했다.

밀비우스 다리에서 맞이한 운명의 순간

3세기는 로마제국에서 235년부터 284년까지 49년 동안 무려 26명
의 황제가 제위帝位에 오른 혼돈의 시기다. 이 혼란을 종식한 인물
은 발칸반도 출신의 디오클레티아누스Diocletianus, 245~316 황제다.
그는 혼란에 빠진 제국을 안정적으로 다스리기 위해 로마제국을
크게 둘로 나눠 정正황제와 부副황제를 2명씩 두고 다스리는 '4두
체제'를 도입했다.

　306년 로마제국엔 황제가 4명 있었다. 정황제인 갈레리우
스 막시미아누스Galerius Maximianus, 258~311와 세베루스Severus,
?~307, 부황제인 다이아Daia, ?~313와 콘스탄티누스 1세다. 하지만
이전 황제였던 막시미아누스Maximianus, ?~310의 아들 막센티우스
Maxentius, 278~312가 반란을 일으키면서 그와 콘스탄티누스 1세의
전쟁은 예상된 결과였다.

　312년 10월 28일 콘스탄티누스 1세의 군대 5만 명과 막센

바티칸박물관의 '콘스탄티누스의 방'에 전시된 프레스코 벽화인 〈밀비우스 다리 전투〉. 1517년 그림을 그리기 시작한 라파엘로가 1520년 죽자, 그의 제자들이 1524년 벽화를 마무리했다. 오른쪽 상단에 보이는 다리가 밀비우스 다리, 중앙에 백마를 타고 황금 갑주(갑옷과 투구)를 입은 인물이 콘스탄티누스 1세다. 오른쪽 하단에서 그와 대적 중인 막센티우스는 말을 탄 채 테베레강 속으로 가라앉고 있다.

티우스의 군대 10만 명은 로마 서북쪽을 흐르는 테베레강의 밀비우스 다리에서 전투를 벌인다. 기원전 206년 제2차 포에니전쟁(기원전 218~201) 기간 동안 처음 세워진 이래 기원전 110년경 석재 아치교로 재건된 이 다리는 로마제국에서 전략적으로 매우 중요한 거점이었다. 다리를 건너 남쪽으로 3킬로미터만 가면 로마의 중심에 다다르기 때문이다.

훗날 '콘스탄티누스 대제'라고 불리는 콘스탄티누스 1세는

"전투 전날 본 십자가의 환상 덕분에 전투에서 승리할 수 있었다"
고 말했다. 그의 꿈에 나타난 예수 그리스도는 기독교도를 상징하
는 문자 가운데 X와 P를 합친 문자 라바룸labarum을 병사들의 방
패에 그리면 전투에서 이길 수 있음을 조언했다고 전해진다. X와
P는 고대 그리스어로 그리스도를 뜻하는 'Χριστὸς(크리스토스)'
의 처음 두 글자로, 콘스탄티누스 1세는 부하들의 방패에 십자가
를 그리라고 명했다.

이로써 막센티우스와 맞서 싸우는 콘스탄티누스군의 깃발
과 방패에는 X와 P가 합쳐진 낯설고 특이한
무늬가 새겨진다. 예수 그리스도에 대
한 믿음을 그대로 실천한 콘스탄티누
스 1세의 노력이 정말로 효과가 있었
는지 막센티우스군은 밀비우스 다리
전투에서 대패했다. 후퇴하는 병사들이
밀비우스 다리 위로 몰렸고, 막센티우스
도 수많은 병사와 함께 강에 빠져 전사했
기 때문이다.

이를 계기로 콘스탄티누스 1세는
313년 밀라노칙령을 공표해 기독교
를 로마의 국교國敎로 공인하고 압류
한 재산을 교회에 돌려주면서, 기독
교에서 성인聖人으로 추앙받는

콘스탄티누스 1세의 두상.

황제가 되었다. 또 그해 황제는 동로마의 리키니우스Licinius, ?~325 황제와 로마제국을 둘이 나눠 다스리기로 합의해, 305년 디오클레티아누스가 물러난 이후 발발해 오래 지속된 내전을 종식한다. 324년 콘스탄티누스 1세는 스스로를 로마제국의 유일한 황제로 선포하면서 최고 권력자가 되었다.

콘스탄티누스 1세는 관료제와 화폐제도 등 국가 제도를 크게 정비할 뿐만 아니라 로마를 떠나 비잔티움, 즉 콘스탄티노플(현재의 이스탄불)에 새로운 도시를 건설해 동로마제국으로 로마가 1,000년 이상 유지될 수 있는 기반을 구축하기도 했다. 따라서 우리는 그를 그저 전쟁만 잘하는 황제가 아니라 나라를 튼실하게 키운 안목과 철학이 있는 인물로 평가할 수 있다.

개선문의 주인은 콘스탄티누스가 아니었다?

고대 로마의 정치 기관인 원로원은 밀비우스 다리 전투의 승리를 기념해 콘스탄티누스개선문을 3년간 공사한 끝에 315년 세운다. 당초 원로원은 전력이 우세한 막센티우스의 승리를 확신하고 그를 위해 개선문을 만들었다. 그런데 뜻밖에 콘스탄티누스 1세가 승리하자 새 개선문을 만들 시간이 부족해, 포로로마노에 있는 개선문 3개를 부수고 다시 합쳐서 현재의 개선문을 제작한다. 구조는 포로로마노에서 캄피돌리오언덕으로 가는 길목에 세워진 셉티므세베르개선문을 참고했다.

개선문은 높이 21미터, 너비 25.9미터, 두께 7.4미터로, 외장은 대리석으로 마감한 아치 3개로 구성된다. 그리고 각각 코린트양식으로 제작된 기둥 4개를 함께 사용했다. 개선문을 장식한 부조들은 선대 황제인 트라야누스Trajanus, 53~117와 하드리아누스Hadrianus, 76~138, 마르쿠스 아우렐리우스Marcus Aurelius, 121~180 시대에 세워진 옛 기념물에서 장식을 떼 오거나 개조해 썼다.

문의 상단부에는 콘스탄티누스 1세의 전투 장면과 업적을 조각으로 장식해놓았다. 문 중앙에 있는 아치의 윗부분은 승리를 기념하기 위해 강의 신을 묘사한 부조로 꾸미고, 기둥 위에는 조각상을 놓아 권위를 표현했다. 그리고 아치의 벽면과 내부엔 콘스탄티누스 1세의 업적과 전쟁 관련 부조를, 중앙엔 다음과 같은 비문을 청동으로 섬세하게 새겨넣었다. 현재 청동 문자는 사라졌지만 글자가 있었던 자리는 선명하게 남아 있다. "콘스탄티누스 황제에게. 신성한 영감과 위대한 마음을 가진 그는 그의 군대와 무기만으로 폭군에게서 나라와 동시에 그를 따르는 자들을 구했기에, 원로원과 로마 사람들은 승리로 장식된 이 개선문을 헌정합니다."

콘스탄티누스 1세를 황제로 만들어 개선문까지 짓게 한 배경이 된 밀비우스 다리는 1849년 이탈리아의 주세페 가리발디Giuseppe Garibaldi, 1807~1882 장군이 폭파한다. 당시 사르데냐왕국과 이탈리아 의용군이 오스트리아제국과 이탈리아의 보수주의 국가에 맞서 벌인 이탈리아 통일전쟁에서 로마공화국을 무너뜨리기

밀비우스 다리의 현재 모습.

위해 급파된 프랑스군을 저지하기 위해서였다. 다리는 바로 다음 해인 1850년 로마 교황 비오 9세Pius IX, 1792~1878가 복원한다.

전 세계 개선문의 모델이 되다

콘스탄티누스개선문을 비롯해 티투스개선문과 셉티므세베르개 선문은 중세와 르네상스시대를 거치면서 유력한 가문이 저택의 일부로 소유해 온전히 보존이 가능했다. 제2차 세계대전 때 연합군은 1943년 7월 10일 이탈리아 서남단에 있는 지중해 최대의 섬 시칠리아를 침공해, 이탈리아로 후퇴한 독일·이탈리아 사회공화국(1943년 무솔리니가 독일에서 세운 망명정부이자 독일의 괴뢰정부, '살로공화국'이라고도 함)을 공격하는 작전을 펼친다. 1944년 1월 22일 연합군은 로마 남부의 안지오 근처에 상륙하고, 이후 1944년 6월 4일 연합군이 로마를 점령했다. 이날 밤 독일군은 로마를 떠난다. 그래서 연합군과 교전할 일이 없었기에 로마의 모든 유적지는 전쟁의 참화에서 안전할 수 있었다.

로마로 통하는 상징적 관문으로 굳건히 자리한 콘스탄티누스개선문은 이후 유럽에 건립된 수많은 개선문의 표본이 된다. 이 개선문들은 유럽의 역사가 전쟁사로 점철됐음을 보여주는 증거이기도 하다. 1,700년의 세월을 견뎌낸 콘스탄티누스개선문은 오늘도 로마제국의 영광을 간직하고 있다.

로마인에게는 기쁨,
유대인에게는 아픔

━━━━✸━★━✸━━━ 티투스개선문 ━✸━★━✸━━━━

　로마엔 황제가 거둔 승리를 기념하고자 세운 건축물이 도시 곳곳에 있다. 이 중에는 가장 오랜 본보기인 티투스개선문이 있다. 프랑스 파리에 있는 에투알개선문의 원본으로 불리는 티투스개선문은 유네스코 세계문화유산에도 지정돼 있다. 문기둥의 섬세한 조각은 당시 예루살렘을 함락한 여러 업적을 기록한 것이다.

　자세히 살펴보면 성배를 가져오는 모습이 새겨져 있는데 솜씨가 너무 정교해 관람객의 감탄을 자아내곤 한다. 티투스개선문은 유대인들에게 치욕스러운 역사를 보여주는 건축물로 아직도 그들은 이 문을 통과하지 않는다고 전해진다. 티투스개선문은 유

티투스개선문의 정면. 전쟁사는 승자와 패자의 역사라는 이중성을 여실히 보여주는 건축물이다.

대인들에게 어떤 수치심을 심어준 것일까?

티투스개선문은 로마제국의 도미티아누스 황제가 이전 황제이자 그의 친형이었던 티투스의 제1차 유대-로마전쟁의 업적을 기리기 위해 82년에 세운 가장 오래된 개선문이다. 이 개선문은 프랑스 파리의 에투알개선문을 포함해 많은 개선문의 모태가 되었다.

전쟁사는 승자와 패자의 역사다. 그중에서도 티투스개선문은 이를 가장 명확히 보여준다. 전쟁에 승리한 로마제국엔 티투스개선문이 무한한 영광이지만, 패배한 유대인들에겐 생생한 아픔이기 때문이다. 예루살렘성전을 파괴하며 전리품을 나르는 장면을 부조로 생동감 있게 묘사한 티투스개선문은 중세부터 근대에 이르기까지 유대인 박해의 상징이었다.

티투스, 그는 누구인가

티투스개선문의 주인공 티투스, 사실 이는 로마 황제의 이름이다. '티투스 플라비우스 베스파시아누스Titus Flavius Vespasianus'의 약자로 '티투스'라 불리는 역사 속 인물은, 플라비우스 가문의 장남으로 태어난 로마의 11번째 황제다. 그의 아버지 베스파시아누스는 훗날 플라비우스 왕가의 초대 황제가 되는 집정관 출신의 장군이다. 티투스가 태어난 해는 네로 황제가 태어난 지 2년 뒤 티투스 황제의 흉상.

다. 네로의 아버지인 로마 황제 클라우디우스의 또 다른 아들인 브리타니쿠스 Britannicus, 41~55와 같은 제국의 후계자들과 함께 황궁에서 자란 티투스는 아버지를 따라 로마군의 장교로 성장했다. 그리고 그는 61~63년 군사호민관으로 아버지와 함께 브리타니아와 게르마니아에서 복무한다.

1세기 초에 로마제국은 브리타니아와 갈리아부터 이집트에 이르는 방대한 지역을 다스렸다. 하지만 로마제국의 변방에 있는 유대 속주들과 종교 문제로 크게 갈등을 겪는다.

66년 로마에서 임명한 유대의 총독인 게시우스 플로루스Gessius Florus가 세금을 물리려고 예루살렘성전에 바친 헌금까지 가로채는 일이 벌어지자 유대인들의 분노는 극에 달한다. 이때 게시우스가 유대인들을 무자비하게 탄압하자 결국 걷잡을 수 없는 폭동으로 번진다. 이 여파는 다른 지방으로 확대되고 유대를 관할하는 시리아 지방의 총독 가이우스 케스티우스 갈루스Gaius Cestius Gallus가 로마 군대를 이끌고 직접 군사행동에 나서지만, 반란군의 기습으로 패배하고 말았다.

네로 황제는 다른 지역에서도 유사한 폭동이 일어날 가능성을 우려해 베스파시아누스에게 진압을 지시하고, 67년 티투스는 아버지 베스파시아누스와 팔레스타인으로 향한다. 하지만 68년 네로 황제가 극단적인 선택으로 생을 마감하면서 전쟁은 잠시 중단되었다. 네로가 죽은 지 1년 사이에 로마엔 갈바, 오토, 비텔리우스 등 황제 3명이 등극하지만, 재위 후 곧 제거되는 정변 사태가 벌어진다.

영어로 '황제'를 뜻하는 'emperor'의 어원은 'imperator(임페라토르)'다. 이는 로마 병사들이 대승을 거둔 장군에게 자발적으로 엄지손가락을 들고 외침으로써 얻을 수 있는 명예로운 호칭이다. 네로가 사망한 후 로마제국의 여러 속주에 주둔하던 각 군단에서는 지휘관을 황제로 추대한다. 팔레스타인에 주둔하던 베스파시아누스는 황제가 되기 위해 로마로 군대를 이끌고 떠나면서 티투스에게 유대 정벌 임무를 맡긴다. 이 해에 벌어진 예루살렘전투는 유대인 역사에서 가장 참혹한 전투로 기록되었다.

처참히 파괴된 예루살렘성전

70년 6월 티투스는 로마군에게 유대 지역의 나무들을 베어내 만든 뾰족한 말뚝으로, 예루살렘성전 둘레에 7킬로미터에 달하는 벽을 세워서 유대인들을 탄압하라고 지시한다. 그해 9월 예루살렘은 4개월 동안 계속된 포위를 견디지 못하고 끝내 함락되고, 티투스가 이끄는 로마 군단은 예루살렘 성벽을 허물고 성내로 들어가 유대인들을 무자비하게 살육했다. 당시 유대 역사가인 플라비우스 요세푸스Flavius Josephus, 37?~100?는 "유대인 100만 명 이상이 로마군에게 죽임을 당했고, 유대인 10여만 명이 노예가 되었다"고 기록한다.

그렇게 예루살렘성전은 완전히 파괴되었다. 로마군은 성전의 서쪽 담장 하나만 남겨두는데 지금까지 남아있는 '통곡의 벽(유대교와 이슬람교의 성지)'이다. 이 벽은 예루살렘 구시가지의 동쪽에 있으며, 돌로 이루어진 고대 이스라엘 신전의 서쪽 벽 일부다. 유대인들은 신전의 상실을 슬퍼하고 재건을 바랐다. 살아남은 유대인들은 예루살렘 서쪽의 마사다 요새에서 끝까지 항전했으나, 73년에 결국 함락되면서 1차 유대전쟁은 막을 내린다.

79년 6월 24일 베스파시아누스 황제가 타계하자 39세의 티투스가 즉위했다. 로마제국의 역사상 아버지의 황위를 물려받은 아들은 티투스가 최초였다. 그는 재위 기간 동안 아버지가 운영하던 로마인들의 투기장인 콜로세움이 완공되는 영광을 품에 안지만, 여러 재앙이 더 많이 일어난다. 황제가 된 지 불과 2개월 만인 79년 8월 24일 베수비오 화산 폭발로 폼페이와 헤르쿨라네움이 폐허가 되고, 80년 초 로마의 중심부에 4일간 대화재가 발생해 큰 피해를 입기도 했다. 또 81년 여름엔 로마에 유례없는 전염병이 돌아 수많은 사상자가 발생한다.

티투스는 이런 시련 속에서도 황제의 임무를 적절히 수행한다. 하지만 그해 9월 13일 티투스는 황제가 된 지 2년 만에 원인을 알 수 없는 열병에 걸려 향년 41세를 일기로 눈을 감았다. 이를 두고 유대인들은 그가 예루살렘성전을 파괴한 대가를 치른 것이라 말한다.

2,000년 디아스포라의 아픔을 증언하다

이어 티투스의 동생 도미티아누스 황제가 제위에 오르고 로마 공회장의 중심 거리인 '비아 사크라Via Sacra(신성한 길)'의 가장 높은 지점인 벨리아언덕 꼭대기에 82년 티투스개선문을 세웠다. 이 개선문은 콜로세움에서 포로로마노로 들어갈 때 가장 먼저 보인다. 문의 꼭대기에는 라틴어로 다음과 같이 적혀 있다. "로마의 원로원과 시민은 신격神格 베스파시아누스의 아들, 신격 티투스 베스파시아누스 아우구스투스에게 이 개선문을 바친다."

로마의 기념비인 티투스개선문은 높이 15.4미터, 폭 13.5미터, 두께 4.75미터로 아치의 안쪽 벽은 격자형으로 장식되었다. 내벽엔 로마군의 전쟁 장면과 쌍두마차를 타고 개선하는 티투스의 모습을 조각했다. 개선문 안에 만든 아치의 높이는 8.3미터, 너비는 5.36미터로 아치의 천장엔 신격화한 티투스의 행적을 돋을새김으로 표현한 4각 패널들이 있다. 남쪽 패널엔 예루살렘의 성

로마군이 예루살렘성전을 약탈해 메노라와 유대교의 황금 나팔, 진설병을 얹어놓는 탁자 등을 옮기는 장면이 부조로 생생히 조각된 티투스개선문의 내벽.

전에서 가져온 전리품을 묘사했는데 7개 가지가 달린 황금 촛대인 메노라menorah, 제단에서 가져온 부삽, 성찬대, 황금 트럼펫을 부는 개선 행렬 등이 부조로 생생히 새겨져 있다. 특히 메노라는 유대교의 상징으로 영화 〈쉰들러 리스트〉에도 나온다. 북쪽 패널엔 여러 신령과 관리에게 인도되는 개선장군 티투스의 모습을 묘사했는데, 투구를 쓴 아마존의 전사 발로르Valour가 티투스의 4륜 전차를 몰고 있다.

티투스개선문은 18세기까지 한 가문의 저택 망루로 사용하

예루살렘의 옛 도시 유대인 지구에 있는 성전 연구소가 만든 메노라.

다가 19세기 교황 비오 7세Pius VII, 1742~1823의 지시 아래 1822년 도시계획가 주세페 발라디에르Giuseppe Valadier, 1762~1839가 복원해 지금의 모습을 갖춘다. 티투스개선문은 2,000년 가까이 이어진 로마제국의 영광과 유대인의 가슴 아픈 역사를 간직한 건축물이다. 예루살렘성전 파괴로 유대인들은 고향을 떠나 세계로 떠도는 '디아스포라Diaspora'를 2,000년 가까이 한다. 티투스개선문으로 전쟁사에 뚜렷이 남은 티투스 황제의 예루살렘성전 파괴가 벌어지지 않았다면 역사는 어떻게 달라졌을까? 20세기 히틀러가 자행한 유대인 학살도 일어날 리 없지 않았을까? 역사에서 가정은 무의미하기에 오늘날 '세계의 화약고'로 불리며 전쟁이 끊이지 않는, 이스라엘과 팔레스타인이 있는 중동의 평화를 바랄 뿐이다.

뺏고 뺏기는
전리품의 화려한 전시장

—— 산마르코대성당 ——

화려하면서도 규모가 상당한 이탈리아의 산마르코대성당은 비잔 틴양식의 대표적인 건축물로 유명하다. 당시 나폴레옹이 산마르 코대성당과 두칼레궁전이 있는 ㄷ자형의 산마르코광장을 "유럽 의 응접실"이라고 표현했다는 말은 오늘날까지도 전해진다. "유럽 에서 가장 아름다운 응접실"이라고 불렀다. 1932년에 시작해 매 년 이탈리아 베니스에서 열리는 세계 3대 국제영화제인 '베니스 국제영화제'는 예선을 통과한 세계 각국의 영화를 상영하는 행사 로, 세계의 영화제 가운데 가장 오랜 역사를 자랑한다. 황금사자상 은 베니스국제영화제에서 수여하는 최고의 상償으로, 산마르코대성당의 상징물이자 베니스의 수호신인 날개 달린 황금 사자에서 유래했다. 산마르코대성당에는 어떤 이야기가 얽혀 있을까?

이탈리아 북동부 베네토주의 베네치아에 있는 산마르코대성당은 기독교 복음서 중에서 예수의 행적과 가르침을 담은 마가복음의 저자인 성 마르코Mārcus(기원후 1세기경~68)의 유골이 안치된 성당이다. 비잔틴양식과 로마네스크양식이 혼합된 이 건축물은 9세기에 지어졌으나 화재로 소실되면서 11세기에 재건된다. 성당은 제4차 십자군원정(1202~1204) 때 콘스탄티노플에서 약탈한 건축자재와 보물로 화려하게 장식되는데, 이때 가져온 가장 유명한 예술품인 쿼드리가는 전쟁사에 따라 여러 차례 도난당한 수난의 예술품으로 알려졌다.

쿼드리가는 로마시대인 2세기에 만들어져 3세기 콘스탄티노플로 옮겨졌다가 13세기 베네치아로 이송된다. 이후 1797년 프랑스의 나폴레옹이 베네치아를 점령하면서 파리로 가져갔다가, 1815년 그가 폐위당한 후 다시 베네치아로 반환되었다. 성당 내부에 있는 박물관에는 쿼드리가 외에도 제4차 십자군원정에서 약탈한 수많은 보물이 전시돼 있다.

푸른색과 황금색으로 채워진 성당

마르코는 예수의 12제자 중 한 명인 성 베드로의 통역가로 예수의

산마르코대성당의 외관. 과거 베네치아공화국의 영광을 보여주는 건축물로, 가운데 지붕 아래에 설치한 쿼드리가의 복제품이 보인다.

언행과 행적을 기록한 인물인데, 58~62년경 이집트 알렉산드리아에서 선교활동을 하다가 순교했다고 전해진다. 828년 알렉산드리아에 매장된 마르코의 유해를 베네치아 상인 2명이 도굴해 이슬람교를 믿는 모슬렘들이 혐오하는 돼지고기로 관을 덮어 베네치아로 옮긴다. 이에 베네치아공화국의 도제doge(총독)는 마르코를 베네치아의 새로운 수호성인으로 선언하며 유해를 안장할 새로운 성당을 짓도록 명령했다.

성인의 이름으로 명명된 산마르코대성당은 비잔틴양식으로 832년에 건설됐으나 976년 폭동 때문에 일어난 화재로 소실되면서 978년에 재건된다. 베네치아공화국은 비잔틴제국(동로마제국)과 교역을 독점하고, 강력한 해군을 바탕으로 지중해 해상무역을 장악해 축적한 부를 기반으로 1063년부터 1094년까지 대성당의 기본적인 골격을 만들었다.

그 후 대성당은 17세기까지 복구와 증축 공사를 거쳐 로마네스크양식과 르네상스양식까지 혼용된 건축물로 완성되었다. 대성당의 전체 길이는 76.5미터, 폭은 62.5미터로 동방정교회에서 흔히 볼 수 있는 돔이 5개 있으며, 가장 높은 돔의 높이는 43미터에 달한다. 대성당의 내외부는 푸른색과 황금색이 인상적인 모자이크 벽화와 성상으로 장식되는데, 금박 모자이크로 벽면을 가득 채워 '황금의 교회Chiesa d'Oro'라는 별명으로도 불린다.

값비싼 전리품으로 꾸민 내외부

11세기 후반 대성당의 입구는 장식이나 조각이 없는 평범한 돌로 지어지고, 13세기 초 제4차 십자군원정의 전리품으로 입구를 비롯해 내외부가 화려하게 꾸며진다. 십자군전쟁(1095~1291)은 서유럽의 기독교도들이 이스라엘의 수도인 예루살렘을 탈환하기 위해 11세기부터 14세기까지 8회에 걸쳐 감행한 대규모 원정이다. 제4차 십자군원정은 교황 인노첸시오 3세Innocentius Ⅲ, 1161~1216가 이슬람의 본거지인 이집트를 목표로 삼아 원정을 승인하면서 이루어졌다.

원정을 위해 베네치아에 집결한 병력 중 대다수는 프랑스 북부와 벨기에 플랑드르의 기사騎士로 예상보다 적었고, 베네치아에 지급할 수송비도 조달하지 못하는 상황이었다. 이에 베네치아공화국은 십자군의 지휘부를 설득해 기독교 도시인 달마티아의 자라(헝가리 보호령)를 약탈하고 난 뒤에 1204년 콘스탄티노플을 침공하도록 유도한다.

이 전쟁으로 가장 이득을 본 나라는 바로 베네치아공화국으로 영토와 금, 대리석, 예술품으로 엄청난 부富를 얻었으며 해상에서의 세력 또한 증가했다. 경제적으로는 베네치아공화국이 무역 경쟁자인 제노바와 피사를 완전히 따돌리고 친親 베네치아 황제를 내세움으로써 동쪽 지중해의 무역권을 완전히 독점하지만, 종교적으로는 로마가톨릭교가 동방정교회를 파괴하고 약탈한 사건으로

15세기에 제4차 십자군원정 때 벌어진 콘스탄티노플 약탈을 그린 그림.

서 기독교계의 대분열은 돌이킬 수 없는 상처로 남는다. 2001년 교황 요한 바오로 2세Joannes Paulus II, 1920~2005는 콘스탄티노플 총대주교에게 로마가톨릭교가 그리스정교회에 저지른 제4차 십자군의 만행에 유감을 표명했다. 이 사건이 일어난 지 800주년이 된 2004년, 양 교회는 표면적으로 화해했다.

십자군 2만여 명이 비잔틴제국의 수도를 점령하고 무자비하게 학살과 약탈을 자행한 사흘 동안 베네치아군은 전리품을 베네치아로 옮긴다. 이때 유입된 조각상 등 예술품과 보물은 물론, 대리석과 같은 건축자재가 대성당의 내외부를 장식한다. 콘스탄티노플에서 모자이크 재료가 대량으로 반입되면서 베네치아 특유의 화려하고 정교한 모자이크 기법이 만들어진 것이다. 또 '성스러운 지혜'를 뜻하는 '아야 소피아Aya Sofia' 또는 '하기아 소피아Hagia Sophia'로 불리는 콘스탄티노플의 동방정교회 대성당에 있는 대리석을 떼어 산마르코대성당의 내부에 깔았다. 산마르코대성당의 제단 뒤를 장식하는 제단화인 〈팔라 도로Pala d'Oro(황금 장막)〉 역시 이때의 약탈품 중 하나다.

대성당의 서남쪽 모퉁이에는 필라델피온궁전에서 가져온 〈4두정의 4황제들The Tetrachs〉이 놓였다. 이집트산 자주색 반암斑巖으로 만들어진 조각상으로 약탈 당시 맨 오른편의 한쪽 발이 떨어져 있었는데 1960년대 이스탄불에서 기적적으로 발견된다. 베네치아시는 터키 정부에 발

산마르코대성당의 서남쪽 모퉁이에
놓인 〈4두정의 4황제들〉.

조각을 달라고 요청했지만 거부당하고, 발 조각은 현재 이스탄불 고고학박물관에 소장돼 있다.

쿼드리가는 본래 고대 로마시대에 그리스의 히오스섬에 있었던 것으로 3세기 비잔틴제국의 테오도시우스 2세Theodosius II, 401~450가 콘스탄티노플로 가져와 대전차경기장 히포드로모스 Hippodromus('히포드롬Hippodrome'이라고도 함)를 장식하고 있었다. 하지만 이 역시 베네치아로 옮겨지면서 1254년부터 대성당 입구의 위쪽 테라스에 놓여 '산마르코의 말'로 둔갑한다. 또 베네치아로 이동할 때 수송의 편의를 위해 말의 머리를 잘랐다가 다시 붙였는데, 그 흔적을 감추기 위해 나중에 말들의 목 부분에 장식 띠를 둘렀다고 알려져 있다.

쿼드리가에까지 뻗친 나폴레옹의 손길

600년 가까이 산마르코광장을 내려다보던 쿼드리가는 18세기 프랑스의 나폴레옹에게 또 수난을 당한다. 프랑스혁명이 발발하고 혁명의 불길이 번져오는 것을 두려워한 오스트리아, 프로이센은 1792년 프랑스와 전쟁을 벌였다. 이때 베네치아공화국은 열강들의 틈에서 비무장중립(무력적인 수단을 일체 사용하지 않고 중립을 지키는 일)을 선언한다.

하지만 나폴레옹은 1796년 3월 이탈리아 원정군 사령관으

1799년경 프랑스 화가 장 뒤플레시스 베르토가 그린 〈베네치아에 입성하는 나폴레옹과 프랑스 군대〉. 산마르코광장 뒤로 산마르코대성당이 보인다.

로 임명된 후 그해 11월 이탈리아 북부의 베로나 근처에 있는 아르콜 다리 전투에서 오스트리아에 이기고 1797년 1월 리볼리전투에서 또 다시 오스트리아를 상대로 승리하면서, 2월엔 롬바르디아 지방의 도시이자 이탈리아 북부의 최대 거점인 만토바를 점령했다. 1797년 4월 17일 나폴레옹은 오스트리아와 레오벤평화조약을 맺고 그해 10월 오스트리아와 캄포포르미오조약을 체결하기 전인 5월 12일, 베네치아공화국을 포위한다.

이날 베네치아의 두칼레궁전에 도제 루도비코 마닌Ludovico

Manin, 1725~1802과 국회의원 600명 중 537명이 마지막으로 출근했다. 회의의 안건은 베네치아 정부의 소멸 여부였다. 결과는 찬성 512표, 반대 20표, 기권 5표였다. 독자적인 공화정 형태를 갖춘 독립도시국가인 베네치아공화국은 나폴레옹에게 무조건 항복을 선언하면서 8세기부터 시작된 약 1,000년의 역사를 뒤로한 채 멸망하고 만다. 그로부터 4일 뒤인 5월 16일 나폴레옹의 프랑스군은 베네치아 시내로 들어오고, 나폴레옹은 두칼레궁전의 국기 게양대에 프랑스 국기를 내걸었다.

대성당도 새로운 국면을 맞이한다. 1807년 나폴레옹의 명령으로 베네치아 대주교가 산피에트로 디 카스텔로 성당에서 이곳

산마르코대성당 내부의 2층에 있는 박물관에 전시 중인 쿼드리가 진품.

으로 주교좌(가톨릭 성당에서 주교가 예식 때 앉는 의자)를 옮기면서, 성당은 베네치아공화국 도제의 관저인 두칼레궁에 속한 성당에서 바티칸 소유의 대성당으로 승격되었다.

1797년 나폴레옹은 전리품으로 쿼드리가를 파리로 가져가 1808년 완성된 카루젤개선문 위에 올려놓았다. 하지만 쿼드리가는 나폴레옹이 1815년 워털루전투에서 패한 후 다시 베네치아로 돌아온다. 제1차 세계대전 때는 쿼드리가를 로마에 있는 베네치아궁전에 숨겼으며 제2차 세계대전 동안엔 파도바 지역에 있는 프라일리아수도원과 테올로 지역의 베네딕토회 수도원에 보관했다가, 전쟁이 끝나고 나서야 대성당으로 옮긴다. 그 후 대기오염 때문에 훼손이 우려되자 쿼드리가 진품은 1980년대 초 대성당 내부의 2층에 있는 박물관으로 이송되고 입구에 동상이 서 있던 자리엔 복제품이 대신 세워졌다.

물과의 전쟁을 선포하다

'물의 도시'로 불리는 베네치아의 기원은 5세기경으로, 바다 위에 드문드문 땅이 솟은 습지대에 도시를 조성한 것이다. 이 도시에서는 섬 118개가 교량 400개가량으로 이어져 있다. 베네치아 전체가 점점 가라앉으면서 곳곳이 물에 잠기는 횟수가 잦아지자 베네치아시는 2006년 지면을 높이는 공사를 했다. 하지만 산마르코대성당은 2018년 10월 29일 수해로 큰 피해를 입은 데 이어, 2019년 11월 12일 집중호우로 베네치아 조수의 수위가 187센티미터까지 치솟아 대리석 기둥의 아랫부분이 원형을 알아보기 어려울 정도로 변색되고 만다.

대성당을 건립한 이후 1,200여 년 동안 베네치아는 홍수 피해를 총 6번이나 겪었다고 한다. 매년 500만 명 이상이 찾는 관광명소이자 제4차 십자군원정의 비극이 담긴 산마르코대성당이 하루빨리 온전히 복구되길 바란다.

한 수도원이 거친
오뚝이의 역사

─────── 몬테카시노수도원 ───────

이탈리아 몬테카시노수도원은 이탈리아어로 '카지노의 산'이라
는 뜻을 가진 베네딕토회의 수도원이다. 가톨릭의 성지 순례지로
알려진 이곳엔 성 베네딕토상과 그의 여동생인 스콜라스티카 성
녀상이 있으며 지하엔 그들의 무덤이 있다. 수도원 내부의 제단과
천장은 금으로 화려함을 뽐내고 있으며 벽과 바닥은 천연 대리석
으로 만들어졌다. 성 베네딕토St. Benedictus von Nursia, 480?~550?가
몬테카시노수도원에서 기도하던 중 성녀 스콜라스티카의 영혼이
하얀 비둘기의 모습으로 하늘로 올라가는 것을 보았다는 말이 전
해지듯, 실제로 수도원 안에는 흰 비둘기들이 있어 신성함이 더해

하늘에서 본 몬테카시노수도원. 5번 파괴되고 5번 재건된 험난한 역사를 간직한 곳이다.

진다. 아름답기만 한 몬테카시노수도원은 어떤 재해와 전쟁을 겪었을까?

이탈리아의 수도 로마에서 동남쪽으로 약 120킬로미터 떨어진 라치오주의 카시노시에 있는 몬테카시노수도원은 529년경 베네딕토가 설립한 건축물로, 서유럽에서 수도원의 발상지로 여긴다. 이곳은 야만족의 침략과 자연재해, 전쟁으로 5번 파괴되고 5번 재건되었다.

몬테카시노수도원은 581년경 스칸디나비아반도에서 기원한 게르만족의 한 갈래인 랑고바르드족의 침략으로 처음 파괴된다. 그 이래로 수도원은 884년 사라센족Saracen(고대 아라비아의 북서 지역과 시나이반도에 살고 있던 아라비아인)과 1046년 노르만족Norman(게르만족 중에서 덴마크 · 스칸디나비아 지방에 기반을 둔 일파)의 침공으로 다시 폐허가 되었다. 그 후 재건한 뒤에도 1349년 지진으로 또다시 파괴됐으며 제2차 세계대전 말기인 1944년, 독일군이 수도원 인근을 점령하고 요새화하자 로마 진출을 꾀하던 연합군의 융단 폭격으로 수도원은 뼈대만 남은 채 초토화되고 만다.

전후 복원은 1964년 마무리되었다. 화강석과 대리석으로 지어진 수도원의 규모는 가로 100미터, 세로 200미터로 수도원을 비롯해 대성당, 베네딕토와 스콜라스티카의 무덤, 박물관, 도서관, 문서 보관소 등을 갖추고 있다. 인근에는 몬테카시노전투에서 전사한 연합군·폴란드군·독일군의 묘지가 있어 매해 수천 명이 이곳을 찾는다.

몬테카시노수도원의 안뜰.

'서양 수도회의 아버지'가 세운 유서 깊은 수도원

'서양 수도회의 아버지'라 불리는 베네딕토는 기독교에서 성인으로 추앙받는 인물이다. 그가 수도사로 활동하던 시기는 게르만 민족이 끊임없이 쳐들어왔다. 476년 서로마제국이 무너질 당시엔 정치가 불안정해 사회가 혼란을 겪는다. 교회 역시 이교 민족의 계속된 침입으로 존립에 위협을 받고 있었다.

성 베네딕토는 529년경 '카시노에 있는 산'이라는 뜻을 가진 해발 519미터의 몬테카시노의 꼭대기에 정착해 로마의 아폴로 사원 터가 있던 자리에 수도원을 설립한다. 그는 수도 생활의 이상과 목표를 제시한 『수도 규칙』을 저술하고 여생을 이곳에서 보내다, 누이동생인 성녀 스콜라스티카와 함께 영면했다.

1441년 프라 안젤리코가 프레스코 기법으로 그린 베네딕토의 초상화.

581년경 수도원이 랑고바르드족의 침략으로 파괴되자 수도사들은 로마로 피신한다. 그 후 약 140년간 방치되다가 717년 교황 그레고리오 2세 Gregorius II, 669~731가 재건하지만, 884년 사라센족과 1046년 노르만족이 재차 파괴했다. 수도원은 11세기 교황 빅토르 3세 Victor III, 1027~1087가 원장을 맡은 시대에 전성기를 맞이한다. 하지만 1349년 지진으로 다시 파괴되었다가 교황 우르바노 5세Urbanus V, 1310~1370가 1362년 수도원을 복구했다.

16세기에 이르러 역할이 커진 수도원은 주교좌 관구 4곳과 공국 2곳, 본당 1,662개를 관할한다. 17세기 중반 수도원의 부속 도서관은 여러 교황과 황제, 제후가 기증한 고문서 1,000점 이상과 800점이 넘는 14세기 이전의 사본을 갖춰 이탈리아에서 가장 중요한 도서관이 되었다. 그리고 1866년 수도원은 이탈리아의 국가 기념물로 지정된다.

제2차 세계대전 때 집중 포격의 대상이 되다

야만족의 침공과 자연재해로 4차례에 걸쳐 재건한 수도원의 앞날에 전쟁의 위기가 닥친다. 제2차 세계대전 중엽엔 독일군이 수도원 인근에 사령부를 세우면서 이곳은 몬테카시노전투의 중심이 되었다. 전세戰勢가 미국과 영국, 프랑스 등 연합국에 기울어가던 1943년, 시칠리아섬에 상륙한 연합군은 이탈리아반도 본토까지 밀고 올라간다.

이에 히틀러는 공군 원수 알베르트 케셀링Albert Kesselring, 1881~1960을 총사령관으로 임명하고 이탈리아 전선을 지휘하는 전권全權을 부여해 로마를 사수하라고 명령했다. 케셀링은 로마 남쪽에 단계적 방어선을 총 6곳 구축한다. 구스타프선Gustav Line이 주요 방어선이었는데, 수도원은 이곳에 직접 닿아 있었다.

독일군은 수도원 인근이 수많은 계곡과 가파른 언덕으로 이루어져 있어 기관총과 대포 등으로 방어막을 구축한다. 연합군은 1944년 1월부터 3월까지 몬테카시노에 대규모 정면 공격을 3차례에 걸쳐 감행하지만, 매번 막대한 피해를 입고 물러난다. 케셀링은 역사적 장소가 전쟁의 희생양이 되는 것을 막고자 독일군에 수도원 출입을 금지했으며 연합군에도 사령부를 설치하지 않았다는 사실을 알린다.

하지만 연합군 지휘관들은 이를 독일군의 기만작전이라고 단정한다. 연합군은 제4인도사단의 프랜시스 터커Francis Tucker, 1894~1967 소장이 구해온 책을 통해 수도원의 외벽 두께만 3미터가 넘어 웬만한 포격으로 파괴하기는 어렵다고 판단 내린다. 이 때문에 수도원 폭격을 두고 연합군 지휘관들 사이에서도 찬반이 갈린다. 결국 이탈리아 전선의 연합군 총사령관 해럴드 알렉산더 Harold Alexander, 1891~1969가 폭격을 결정한다.

1944년 2월 15일 B-17 폭격기 142대와 B-25 47대, B-26 중폭격기 40대가 4시간 동안 폭탄을 총 493톤 투하한다. 1,000년이 넘는 역사를 간직한 수도원은 하루아침에 잿더미가 되었다. 이 광경을 지켜본 많은 연합군 병사가 환호했으며, 폭격에 반대하던 장군들은 폭격을 참관하길 거부한 채 사령부 안에 있었다. 폭격 다음 날까지 연합군은 포병을 동원해 추가로 포격하고,

제2차 세계대전 중 연합군의 폭격으로 파괴된 몬테카시노수도원의 모습.

이미 폐허가 되어버린 수도원 위에 전폭기 59대가 폭탄을 또 투하한다. 결국 이곳에 피란처를 마련한 수도사와 이탈리아 피란민 등 무고한 시민 230명이 사망하고 만다.

　폭격을 실시하기 전 독일의 율리우스 슐레겔Julius Schlegel, 1895~1958 중령이 1만 2,000권에 달하는 장서와 예술품을 모두 바티칸의 안전한 곳으로 옮기면서 문화재 소실은 막을 수 있었다. 수

도원의 파괴 소식을 들은 당시 교황 비오 12세Pius XII, 1876~1958
는 어떤 공식 입장도 표명하지 않았지만, 그의 보좌관 루이지 매글
리온Luigi Maglione, 1877~1944 추기경은 바티칸의 미국 대사 해럴드
티트먼Harold Tittmann Jr., 1893~1980을 불러 크게 항의했다고 전해
진다.

사람들의 발길이 끊이지 않는 순례지

폭격 후 수도원의 뼈대와 파괴된 잔해들은 독일군의 은폐와 엄폐
에 사용했다. 이곳에 투입된 독일군 최정예로 꼽히는 제1공수사
단은 그 후에도 3개월간 주둔하며 연합군을 괴롭혔다. 폭격을 가
한 2차 전투부터 연합군의 승리로 막을 내리는 4차 전투까지 연
합군은 사상자를 5만 5,000명가량 냈으며 독일군에서는 이에 절
반가량인 2만 명의 사상자가 나왔다. 하지만 결국 병력에서 수적
으로 우세한 연합군의 승리로 마무리되었다. 1969년 최종 확정된
미 육군 공식 문서는 "폭격 당시 수도원은 독일군이 점거하지 않
았다"고 명시한다. 수도원에 가한 연합군의 폭격이 적절했는지를
두고 오늘날까지 논란은 계속되고 있다.
　　전쟁이 끝나고 수도원의 재건은 1950년대에 시작되었다. 이
는 이탈리아 국민이 낸 성금으로 이루어졌으며, 1066년 다우페리
우스를 위해 콘스탄티노플에서 주조한 청동 문이 공교롭게도 재

몬테카시노수도원의 청동 문. 수도원 복원에 결정적 역할을 한 유물이다.

건 시기에 발견되면서 복원에 쓰인다.

몬테카시노전투 중 전사한 영국인, 뉴질랜드인, 캐나다인, 인도인, 구르카인, 남아프리카인 등을 안치한 영연방 군인 묘지는 카시노의 서쪽에, 프랑스인과 이탈리아인을 위한 묘지는 리리 협곡의 6번 가도 근방에, 미국인은 안지오에, 독일인은 카시노의 동쪽 라피도 협곡에 각각 안치되었다.

현재 수도원의 청동 문 아래 왼편엔 수도원을 처음 파괴한 랑고바르드족의 얼굴이, 오른편엔 제2차 세계대전 때 수도원을 파괴한 연합군의 폭격을 뜻하는 철모와 폭탄이 새겨져 있다.

1964년 10월 24일엔 교황 바오로 6세Paulus VI, 1897~1978가 완공된 수도원을 찾아 봉헌했다. 몬테카시노수도원은 가톨릭의 성지 순례지로서 오늘도 많은 이의 발길이 끊이지 않는다.

5장

러시아

동토에
새겨진
전쟁의 흔적

800여 년을 함께한
러시아의 붉은 심장

━━━━━━━━━━ 크렘린궁전 ━━━━━━━━━━

중세시대 지은 러시아의 성벽인 크렘린에는 들어갈 장소에 따라 입장권이 각각 다를 정도로 많은 건축물이 모여 있다. 그중에서도 특히 많은 관광객이 줄을 서서 함께 사진을 찍는 유물은 '황제의 대포'다. 이 대포를 처음 보는 관광객은 이 대포를 실제 전쟁에서 사용했는지 의문을 갖는다. 대포의 크기가 너무 커서 보는 이마다 궁금해하는 황제의 대포는 과연 실제로 전투에 쓰였을까?

　　모스크바에 있는 크렘린궁전은 중세시대에 지어진 건축물로 '러시아의 심장'이라 불리기도 한다. 크렘린의 높다란 성벽은 온통 붉은색이기에 한때 '공산주의'와 '냉전', '철의 장막' 등을 상징

크렘린궁전과 성벽의 전경. 높다란 붉은 성벽 안에는 각종 주요 건축물이 모여 있어 '러시아의 심장'이라는 말이 전혀 지나치지 않다.

하기도 했다.

　이곳은 12세기 요새로 출발해 왕이 머무르는 거처였다. 모스크바는 1712년 러시아의 황제인 표트르 1세Pyotr I, 1672~1725가 러시아의 수도를 상트페테르부르크로 옮기며 수도의 기능은 잃었지만, 1917년 러시아혁명으로 다시 수도가 된다. 크렘린궁전 내부엔 대통령 집무실이, 성벽 인근엔 레닌 영묘와 스탈린을 비롯한 지도자들의 묘가 있어 오늘날 러시아 정치의 중심지이기도 하다.

'크렘린'은 본래 보통명사였다?

러시아어로 'Кремль(크렘린)'은 '가파른 바위'나 '성곽'을 의미한다. 1156년 키예프공국의 유리 돌고루키Yuri Dolgoruky, 1096~1157 대공이 모스크바에 나무로 요새를 세우기 시작하면서 러시아 주요 도시에 크렘린이 생겨났다. 크렘린은 타타르스탄 연방공화국의 카잔시를 비롯해 여러 곳에 있지만, 러시아어 대문자로 시작할 때는 모스크바의 크렘린을 가리킨다.

　1237년 몽골족의 침입으로 모스크바는 불에 타버렸다. 하지만 모스크바는 지리적으로 볼가강과 오카강 사이에 있는 요충지였기에 폐허로 남지는 않는다. 이후 모스크바는 1327년 복구를 마치고 블라디미르수즈달공국(모스크바공국)의 수도가 된다. 14세기 모스크바공국의 드미트리 돈스코이Dmitry Donskoy, 1350~1389

대공이 크렘린 성벽을 흰 석조 건물로 개축했으며, 이어 15세기 이반 3세Ivan III, 1440~1505는 크렘린을 이탈리아 건축가들에게 오늘날과 같이 웅장한 석조 건물로 증축하도록 명령한다. 성채의 윤곽은 모스크바강을 따라 삼각형을 이루며, 성벽으로 둘러싸인 크렘린궁전은 높이 5~19미터, 두께 3.5~6.5미터로 성벽의 총 길이는 2,235미터다.

리디머스 타워를 비롯해 꼭대기엔 지름 3.7미터 크기의 루비로 된 별이 달려 있는 트리니티 타워·성베드로 타워·시크릿 타워·차르 타워 등을 포함해 다양한 군사용 탑 20개가 있는데, 원래 용도는 전투와 감시 초소였다. 적이 침입하면 종탑에 있는 종들이 일제히 울렸다. 이외에도 성모승천성당, 성수태고지성당, 모스크바 대공과 차르tsar(제정러시아 때 황제를 부르던 칭호)의 석관이 안치된 대천사성당, 12사도성당, 국립역사박물관, 황제의 종, 황제의 대포 등 역사 유적이 궁 안에 있다.

폴란드군을 이긴 승리를 기억하다

크렘린은 폴란드에 침공당한 역사를 가지고 있다. 17세기 러시아 차르국이 무정부상태에 빠져 내전으로 치닫던 시기, 폴란드·리투아니아 연방은 러시아에 진출해 1605년부터 1618년까지 전쟁을 벌였다. 이 전쟁은 '폴란드-모스크바전쟁' 또는 '가짜 드미트리

전쟁'이라고 불리기도 한다. 폴란드·리투아니아 연방군은 1610년 7월 4일 클루시노전투에서 러시아·스웨덴 연합군을 상대로 승리를 거둔다. 이후 폴란드군은 러시아의 심장부인 크렘린으로 입성했다.

1611년 초에 형성된 반폴란드 연합군은 '1차 국민군'이라고 불리게 된다. 당시 국민군은 수만 명에 이른 반면 폴란드군은 3,000명밖에 되지 않았지만, 수적으로 열세였던 폴란드군은 크렘린에서 농성전을 벌였다. 여러 세력의 연합체인 1차 국민군은 내분으로 와해된다. 1611년 가을, 러시아 니즈니 노브고로드의 푸줏간 주인이던 쿠즈마 미닌Kuzma Minin, ?~1616은 시민을 상대로 폴란드군을 몰아내야 한다고 설득했다. 이에 호응한 시민들은 1차 국민군에 참여했다가 부상으로 요양 중이던 드미트리 포자르스키 Dmitry Pozharsky, 1578~1642 공작을 군사령관으로 추대한다. 이로써 탄생한 2차 국민군은 1612년 크렘린으로 진격해 폴란드군을 몰아내는 쾌거를 이루었다.

1618년 12월 러시아와 폴란드 사이의 전쟁은 데울리노휴전협정으로 종결되었다. 폴란드군은 항복 조건으로 안전한 귀환을 보장받지만, 후퇴 과정에서 분노한 러시아인들에게 절반이 죽임을 당하게 된다.

러시아는 폴란드의 침공을 물리친 것을 기념해 붉은광장에 1625년 카잔성당을 지었다. 카잔공국의 9세 소녀가 꿈속에서 보았던 성모상을 발견해 이곳에 보관했으나 현재는 상트페테르부르

크렘린궁전

크에 있는 카잔성당에 보관 중이다. 이 성당은 1936년 스탈린이 붉은광장에서 치르는 군사 퍼레이드에 방해된다는 이유로 철거를 명령해 없어졌다. 당시 모스크바 책임자였던 라자르 카가노비치Lazar Kaganovich, 1893~1991는 스탈린에게 성바실리대성당까지 철거한 붉은광장의 청사진을 제시했는데, 스탈린이 "라자르, 그거 돌려놔!"라고 말해 철거되지 않았다는 일화가 전해진다. 소련 붕괴 이후 러시아 대통령 블라디미르 푸틴Vladimir Putin의 지시로 카잔성당은 원래 건물이 있던 자리에 1993년 옛 모습으로 재건되었다.

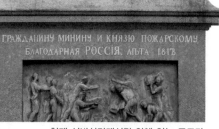

현재 성바실리대성당 앞에 있는 쿠즈마 미닌과 드미트리 포자르스키의 동상.

1818년 나폴레옹과의 전쟁 이후 러시아의 애국심을 상기하자는 의미에서 건축가 이반 마르토스Ivan Martos, 1754~1835가 폴란드 전쟁의 영웅이었던 미닌과 포자르스키 동상을 크렘린과 맞닿아 있는 붉은광장에 설치했다. 높이 9미터에 이르는 이 동상은 미닌이 포자르스키에게 검을 건네는 형상으로, 포자르스키는 예수의 얼굴이 새겨진 방패를 든 채 먼 곳을 응시하고 있다. 동상 아래에는 "시민 미닌과 포자르스키에게 러시아가 감사의 마음을 전하다"라는 글귀가 새겨져 있다. 이 동상은 붉은광장 한가운데에 있었지만, 소련 시절 공산당 집회에 방해된다는 이유로 성바실리대성당 앞으로 옮겨진다.

곳곳에 남은 나폴레옹의 침공 흔적

1812년 9월 7일 프랑스의 나폴레옹은 모스크바에서 120킬로미터 떨어진 보로디노에서 러시아의 미하일 쿠투조프Mikhail Kutuzov, 1745~1813 장군과 전투를 벌이게 된다. 두 나라에서 모두 많은 사상자가 생겼지만, 어느 한쪽도 승리를 거두지 못했다. 1주일이 지나 9월 14일 나폴레옹이 모스크바에 도착한 그날 밤, 시내는 이미 불타고 있었다. 다음 날 아침에야 불길을 잡았지만, 연이은 화재가 9월 18일까지 발생해 모스크바 건물의 70퍼센트 이상이 소실된다. 다행히도 크렘린궁전은 석조 건물이라 크게 피해를 입지 않았다.

나폴레옹은 화재를 진압한 후 크렘린궁전에 머무르면서 모스크바를 떠나 있던 알렉산드르 1세와 협상을 시도했지만, 알렉산드르 1세는 이에 응하지 않았다. 더는 기다릴 수 없었던 나폴레옹 군대는 오랜 원정으로 인한 피로와 식량 부족, 추위 때문에 결국 모스크바에서 철수하고 만다.

나폴레옹이 프랑스 군대를 이끌고 러시아를 침공한 당시의 흔적은 크렘린 곳곳에 남아 있다. 트로이츠카야탑의 문에 들어서면

나폴레옹전쟁 당시 프랑스군에게서 빼앗았다는 875문의 프랑스제 대포.

왼편에 러시아 황제 표트르 1세의 병기고가 있다. 이 앞에는 나폴
레옹전쟁 당시 프랑스군에게서 빼앗았다는 프랑스제 대포 875문
이 전시돼 있다. 스파스카야탑은 전쟁에서 승리하고 돌아오는 사
람들을 맞는 개선문으로도 사용했는데, 나폴레옹군이 진입할 때
진군나팔 소리를 울렸던 곳이기도 하다. 이곳은 러시아 황제들이
드나드는 주主 출입문 기능을 했으나 오늘날엔 대통령 취임식이나
주요 외교 의전에만 사용하고 있다. 쿠타피아탑은 나폴레옹군이
퇴각할 때 거친 문이다. 나폴레옹군은 성모승천대성당을 마구간
으로 사용하다가 물러날 때 이곳에 있던 금 30킬로그램과 은 5톤
을 훔쳐 달아났는데, 러시아군이 이를 되찾아 은으로 만든 샹들리
에로 성당 내부를 화려하게 장식했다는 일화가 전해진다.

크렘린궁전 안에 있는 대통령 관저 건너편에는 1586년에 청

동 주물 장인 안드레이 초코프Andrei Chokhov, 1545?~1629가 만들었다는 황제의 청동 대포가 있다. 대포는 길이 5.34미터, 구경 890밀리미터, 외경 1,200밀리미터, 무게는 40톤이다. 게다가 포탄의 지름은 105센티미터고 무게만 1톤에 달해 실로 거대하다. 하지만 이 대포는 러시아의 기술력과 부를 보여주기 위해 일종의 과시용으로 제작했기 때문에 실제로 전투에서 발사한 적은 없다. 또 나폴레옹이 침공할 당시 모스크바 방어전이 유일한 실전 기회였지만 이때도 발사되지 않았다. 그야말로 '무용지물'이라는 표현이 적절하지 않을 수 없다.

역대 서기장과 무명용사가 함께 잠들다

크렘린 성벽 아래 한쪽에는 러시아혁명의 주역이었던 블라디미르 레닌Vladimir Lenin, 1870~1924의 영묘가 있다. 1930년에 완공된 곳으로 입구엔 키릴문자로 'Ле́нин(레닌)'이라고 쓰여 있으며, 바로 뒤편엔 공산당의 핵심 인물들과 적백내전(1917년 10월혁명 직후 발생한 여러 당파 간의 전쟁, '러시아내전'이라고도 함) 및 독소전쟁에서 활약한 장군들이 묻힌 크렘린 벽 묘지가 있다. 역대 소련공산당 서기장인 이오시프 스탈린Iosif Stalin, 1879~1953, 레오니트 브레즈네프Leonid Brezhnev, 1906~1982, 유리 안드로포프Yuri Andropov, 1914~1984를 비롯해 게오르기 주코프Georgy Zhukov, 1896~1974 장

크렘린의 서쪽 벽에 설치된 '꺼지지 않는 불꽃' 제단.

군도 이곳에 잠들어 있다. 여기에 마지막으로 안치된 인물은 소련의 최고 정치지도자였던 콘스탄틴 체르넨코Konstantin Chernenko, 1911~1985다.

크렘린의 서쪽 벽을 따라 내려가면 '꺼지지 않는 불꽃' 제단이 나온다. 이곳에는 1967년 상트페테르부르크에서 먼저 점화한 후 모스크바로 옮겨와서 계속 타오르는 불꽃이 있다. 이 제단은 제2차 세계대전의 수많은 전사자와 희생자를 기리기 위해서 만들어졌다. 제2차 세계대전으로 전사한 이들은 대략 5,000~7,000만 명 정도로 추산되는데 그중 대략 30퍼센트인 2,500만 명이 러시아인이라고 한다. 크렘린궁전은 러시아의 과거이자 현재, 미래로서 오늘도 그들의 역사를 계속 기록해나가고 있다.

수많은 문화유산의
아늑한 은둔처

건물 5채로 이루어져 온종일 봐도 다 못 보고 나올 만큼 큰 규모를 자랑하는 러시아 예르미타시박물관을 아는가? 이곳은 러시아 상트페테르부르크에 있는 거대한 박물관이다. 러시아 황실의 수집품이 모여 있는 장소답게 전 세계 관광객뿐만 아니라 현지인들에게도 인기가 높다. 그중 겨울궁전에 있는 유명한 전시품인 '황금 공작 시계'는 무려 300년 전에 만들어진 것으로 특별한 날이나 1주일에 한 번 정해진 시간에만 작동한다고 한다.

이 시계에 달린 공작새는 우주를, 수탉은 낮을, 올빼미는 밤을 상징한다. 공작새가 화려한 꼬리 깃털을 펴고 올빼미가 머리를

흔들며 눈을 깜빡이기도 하는 등 다람쥐를 제외한 나머지 동물 모
두가 역동적으로 움직인다. 금빛으로 칠해진 황금 공작 시계를 보
면 화려함에 감탄사가 절로 나오는데 오래전에 만든 시계라는 사
실이 믿기지 않을 정도다.

　　러시아의 옛 수도 상트페테르부르크에 있는 예르미타시박물
관은 영국의 대영박물관, 프랑스의 루브르박물관, 미국의 메트로
폴리탄박물관과 함께 세계 4대 박물관으로 손꼽힌다. 이곳은 고
대이집트와 스키타이의 황금 유물, 그리스·로마시대의 조각품을
비롯해 르네상스시대의 거장 레오나르도 다 빈치, 미켈란젤로 부
오나로티Michelangelo Buonarroti, 1475~1564, 라파엘로 산치오Raffaello
Sanzio, 1483~1520의 작품 등 전체 소장품이 270만 점에 달하며 전

예르미타시박물관의 전경.

시실은 1,050개나 있다. 예르미타시박물관은 1762년에 지은 겨울궁전을 모태로 한다. 박물관 앞 광장에서는 1905년 '피의 일요일' 사건과 1917년 10월혁명이 일어났다. 제2차 세계대전의 가장 큰 전장이었던 독소전쟁 당시 벌어진 레닌그라드 공방전 때는 소장품 100만 점을 피란보냈으며 남겨진 소장품은 나치 친위대에 의해 수탈당한다.

1945년 5월 소련의 붉은 군대가 독일의 베를린으로 진격해 잃어버린 소장품뿐만 아니라 나치가 전쟁에서 모은 문화재 220만 점을 가져와 이곳을 비롯한 러시아의 여러 박물관과 미술관에 보관했다. 전쟁이 끝난 이후 150만 점은 1949년 동독에 반환했지만, 나머지 70만 점은 아직도 러시아에 남아 있다.

여제의 취미에서 비롯한 역사의 시작

1703년 러시아 절대왕정을 확립한 표트르 1세는 발트해의 지배
권을 놓고 스웨덴과 벌인 북방전쟁(1700~1721)에서 승리한다. 그
가 스웨덴의 침입을 막기 위해 러시아 서북부에 있는 네바강 하구
의 토끼섬에 페트로파블롭스크 요새를 세우면서 황무지였던 이곳
에 도시가 형성되었다. 이렇게 지은 도시는 '성 베드로의 도시'라
는 의미가 있는 '상트페테르부르크Saint Petersburg'라고 명명되었다.

도시가 완성되자 1712년 표트르 1세는 러시아의 수도를 모
스크바에서 상트페테르부르크로 옮긴다. 1754년 표트르 1세의
딸인 엘리자베타 페트로브나Elizaveta Petrovna, 1709~1761 여제가 겨
울을 지낼 거처를 건설하라는 명령을 내려 1762년 이탈리아 건
축가 바르톨로메오 프란체스코 라스트렐리Bartolomeo Francesco
Rastrelli, 1700~1771가 겨울궁전을 완공했다. 그러나 엘리자베타는
안타깝게도 겨울궁전이 완성되기 1년 전에 세상을 떠난다.

엘리자베타 페트로브나 여제의 사후엔 표트르 1세의 외손자
인 표트르 3세Pyotr Ⅲ, 1728~1762가 차르의 지위에 올랐지만, 그는
독일 태생으로 러시아어를 못하고 정치적으로도 무능했다. 예카
테리나 2세Ekaterina II, 1729~1796가 1762년 6월 28일 친위 쿠데타
로 남편인 표트르 3세를 폐위하고 왕위를 차지해 겨울궁전의 주
인이 된다. 그녀는 당시 갤러리조차 없었던 문화 불모지 러시아에
유럽 문화를 적극적으로 받아들여 조국이 세계사에서 중심 역할

을 할 수 있는 강대국으로 만들고자 했다.

1764년 예카테리나 2세는 러시아를 방문한 베를린의 상인 요한 에른스트 고츠코스키Johann Ernst Gotzkowsky, 1710~1775에게서 페테르 파울 루벤스Peter Paul Rubens, 1577~1640와 렘브란트 하르먼스 판 레인Rembrandt Harmensz van Rijn, 1606~1669 등의 작품을 포함해 225점을 사들였는데, 이때를 박물관의 공식 설립 연도로 본다. 고츠

1766년 러시아 화가 알렉세이 안트로포프가 그린 예카테리나 2세의 초상화.

코스키는 프로이센의 프리드리히 2세의 미술품 수집 대리인으로, 7년전쟁으로 막대한 손실을 본 프리드리히 2세가 그림 구매를 포기하자 프로이센 대신 러시아로 발길을 돌렸던 것이다. 예카테리나 2세는 구입한 명화들을 조용히 감상하기 위해 겨울궁전 앞에 작은 별관을 지었는데 이 별궁을 '에르미타주Hermitage'라고 불렀던 것이 현재 박물관의 명칭이 되었다.

예카테리나 2세는 통치 기간 동안 작품 4,000여 점을 이곳에 수집했다. 에르미타시박물관은 1863년부터 국민에게 공개됐는데 소小에르미타시, 구舊에르미타시, 신新에르미타시, 에르미타

예르미타시박물관

시극장, 겨울궁전 등 총 5개 건물과 예비 보관소 1개로 구성돼 있다. 이곳은 3층 높이로 방 1,050개과 문 1,786개, 창문 1,945개가 있으며 총면적은 4만 6,000제곱미터(1만 3,915평)에 달한다. 또 바로크양식의 조각상 176개로 지붕을 장식하고 로코코양식의 녹색과 흰색으로 외관을 꾸몄다.

환자실과 수술실로 채워진 고난의 시대

궁전이자 박물관이었던 예르미타시박물관은 20세기 초 러시아 역사에 본격적으로 등장한다. 겨울궁전 앞에 있는 궁전광장에서는 1905년 1월, 노동자들의 평화적 시위 행렬에 황실 군대가 무차별 공격을 가해 수천 명의 사상자가 발생한 '피의 일요일' 사건이 일어났다. 이는 러시아에서 왕조가 몰락하고 소련이 탄생하는 계기가 된다.

1914년 제1차 세계대전이 발발하자 러시아 로마노프왕조의 마지막 황제 니콜라이 2세Nicholai II, 1868~1918는 국민들의 불만을 달래기 위해 파병을 장려했다. 그 결과 1,500만 명이 전장에 뛰어든다. 하지만 지휘관들의 무능함으로 탄넨베르크전투에서 러시아군 80만 명이 그보다 훨씬 적은 독일군 16만 명에 대패하고 만다. 수많은 젊은이의 공백으로 러시아의 노동력은 급격히 감소해 결국 민생고를 초래했다. 제1차 세계대전이 장기화되고 1917년

제2차 세계대전 중에 촬영한 예르미타시박물관의 텅 빈 내부.

2월과 10월에 일어난 혁명으로, 이윽고 러시아 제정은 무너지고 사회주의국가인 소련(소비에트연방)이 수립되었다.

예르미타시박물관은 제1차 세계대전 기간인 1915년 10월부터 1917년 11월까지 빈 방이 각각 환자실과 수술실로 바뀌는 등 임시 병원으로 쓰인다. 박물관의 소장품들은 안전을 위해 모스크바로 보내졌다가 1921년에 이르러서야 반환된다. 제1차 세계대전으로 러시아에서 시민들이 독일에 대해 반감이 커지자, 상트페테르부르크에서 독일어인 '부르크burg' 대신 러시아어로 '도시'를 뜻하는 '그라드grad'를 넣어 도시 이름을 '페트로그라드Petrograd'로 바꾼다. 1924년엔 레닌이 죽자 그를 기념해 페트로그라드는 '레닌그라드Leningrad'로 지명이 변경된다.

전쟁 중에 굶어가면서도 지켜낸 박물관

독소전쟁은 제2차 세계대전 중 독일과 소련이 벌인 전쟁이다. 1939년 8월 23일 소련은 독일과 독소불가침조약을 체결하지만, 1940년 가을부터 발칸반도와 관련한 갈등으로 독일과의 관계가 급격히 냉각되었다. 1941년 6월 22일 독일이 소련과의 불가침조약을 일방적으로 파기하고 선전포고 없이 소련을 대규모로 침공하면서 전쟁이 발발했는데, 이 전쟁은 1945년 5월 9일 소련이 베를린을 함락할 때까지 약 4년간 지속된다.

독일은 병력을 크게 3갈래로 나눠 레닌그라드, 모스크바, 우크라이나 등의 경로로 소련에 침입했다. 전쟁 초기 예르미타시박물관의 직원들과 시민 수백 명은 소장품을 대피시키기 위해 분주히 움직였고, 예술품 100만 점 이상을 특별열차 2대로 우랄산맥 인근 스베르들롭스크로 보낸다. 이 중 첫 열차는 1941년 7월 스베르들롭스크에 도착했다. 이어 2번째 열차도 무사히 당도했다.

하지만 예르미타시박물관 소장 예술품을 이동시킬 3번째 열차를 준비하고 있을 때 독일군이 레닌그라드를 포위했고, 이 작업을 더는 진행할 수 없었다. 레닌그라드 공방전은 1941년 9월 8일부터 1944년 1월 27일까지 872일간 벌어졌는데 독일군의 포위로 인해 러시아 시민들에게 식량 부족이 야기되었다. 노동자는 250그램, 비非노동자는 그 절반인 125그램의 빵만 받을 수 있었고, 죽는 이가 많아지자 레닌그라드는 도시 곳곳이 점점 거대한 무덤으로 변해갔다.

예르미타시박물관의 직원들은 굶주림으로 죽어가면서도 박물관을 지킨다. 박물관 지하엔 적의 공습을 피하고자 땅속에 파놓은 방공호 12개를 설치한다. 1942년 3월에 첫 대피가 이루어지기 전까지 1만 2,000명을 이곳에 수용했으며, 전쟁 중에 박물관 외관은 포탄 17개와 공중 폭격 2번으로 심하게 파손된다.

어릴 적부터 화가를 꿈꿔 오스트리아 빈의 예술아카데미에 2번이나 지원했다 모두 떨어진 히틀러는, 전쟁이 끝나면 자신의 고향인 오스트리아 린츠에 박물관을 세우고자 나치에 문화재 수집 특수부대 ERREinsatzstab Reichsleiter Rosenberg를 조직했다. 이들은 유럽 전역과 서아프리카 등의 전장에서 500만 점에 이르는 문화재를 강제로 빼앗았으며, 레닌그라드를 포위했을 때도 예르미타시박물관의 소장품을 약탈한다.

하지만 1945년 독일을 점령한 소련의 붉은 군대는 빼앗긴 소장품뿐만 아니라 베를린에 보관된 회화, 조각, 귀금속 장신구, 고대 유물 등 예술품 20만 점과 고서 약 200만 점을 본국으로 가져갔다. 종전 후 스베르들롭스크에서 두 열차가 작품들을 싣고 예르미타시박물관에 도착했고 1945년 11월 박물관은 다시 개관한다. 하지만 폭격으로 파괴된 외관의 전면 복원은 수년 동안 계속되었다.

1949년 동독에 공산 정권이 들어선 이후 소련은 양국의 우호 관계를 다지는 차원에서 제2차 세계대전 때 약탈해 온 문화재 약 150만 점을 반환한다. 하지만 고대 트로이의 황금과 보석 장신구 등의 핵심 유물과 독일에 권원權原(어떤 행위를 법률적으로 정당화하는 근거)이 없는 유물들은 아직 예르미타시박물관을 비롯해 여러 러시아 박물관에 흩어져 있다.

그중 대표적인 작품으로는 17세기 벨기에의 거장 페테르 파울 루벤스가 1604년에 그린 〈타르퀴니우스와 루크레티아〉다. 베를린 외곽의 상수시성에 걸려 있던 이 작품은 1945년 돌연 사라졌다가 2003년 홀연히 러시아에서 모습을 드러낸다. 2005년 러시아와 독일은 이 작품의 반환 문제를 논의해 반환을 원칙적으로 합의했다. 하지만 이 그림은 여전히 예르미타시박물관에 걸려 있다. 2013년 6월 21일엔 독일의 앙겔라 메르켈Angela Merkel 총리가 예르미타시박물관에서 열린 〈청동시대: 국경 없는 유럽〉 전시회를 찾아가 문화재 반환을 요구했지만 여전히 러시아는 이에 응하지 않고 있다. 예르미타시박물관은 러시아 문화의 상징으로 오늘도 명성을 유지하는 중이다.

예르미타시박물관

감옥으로 악명 높았던
무용지물의 공간

러시아 상트페테르부르크의 토끼 조각상들을 본 적이 있는가? 상
트페테르부르크에서 꼭 보아야 할 명소 중 하나인 페트로파블롭
스크 요새는 '토끼섬'이라는 별명을 가지고 있다. 귀엽고 재미난
형상을 한 토끼 동상이 곳곳에 있기 때문이다. 동료를 구하는 토끼
와 크기가 사람만 한 토끼 등 다양한 토끼 동상이 관람객의 눈을
즐겁게 한다.

그중에서도 요새의 정문 쪽에 있는 다리 아래엔 홍수로 나무
토막에 간신히 매달려 있다가, 때마침 지나가던 표트르 1세의 배에
올라타 목숨을 구한 운 좋은 토끼를 기념하는 동상이 있다. 관람객

페트로파블롭스크 요새의 전경. 으리으리한 외관과는 달리, 이 요새는 역사의 소용돌이 속에서 음침한 공간으로 전락하고 만다.

들은 운 좋은 토끼 동상에 동전을 던지며 행운을 빈다. 페트로파블롭스크 요새에 있는 감옥은 운영될 당시의 실제 모습을 그대로 보존하고 있으며 투옥됐던 사람들의 모형을 만들어 곳곳에 배치해 놓았다. 페트로파블롭스크 요새는 왜 본래의 용도인 도시 방어가 아닌 감옥으로 악명 높았던 걸까?

모스크바에서 서북쪽으로 850킬로미터 떨어진 상트페테르부르크는 러시아 제2의 도시다. '북방의 베네치아', '제2의 암스테르담'이라고 불리는 이곳은 101개 섬과 400여 개 다리로 연결돼 있다. 이 도시엔 박물관 약 250개, 극장 50개, 미술관 80개가 있어 러시아 문화의 중심지 역할을 한다. 상트페테르부르크를 일컬어 러시아의 시인 알렉산드르 푸시킨Aleksandr Pushkin, 1799~1837 은 "유럽을 향한 창"이라고 극찬한 반면, 소설가 표도르 도스토옙스키Fyodor Dostoevskii, 1821~1881는 "고전과 퇴폐, 찬란한 아름다움과 우울함이 동시에 피고 지는 세속적인 도시"라고 상반되는 평을 내렸다. 모스크바가 러시아의 심장이라면, 상트페테르부르크는 러시아의 혼이다.

표트르 1세가 스웨덴과 북방전쟁 중인 1703년, 네바 강변에 있는 토끼섬에 페트로파블롭스크 요새를 세운 것이 이 도시의 기원이다. 요새는 전쟁이 끝날 때까지 스웨덴이 상트페테르부르크까지 진출하지 못해 실전에 쓰이지는 않았다. 대신 이곳은 러시아 혁명이 일어난 1917년까지 수비대의 주둔지 겸 정치범을 수용하는 감옥으로 사용된다. 요새 안에 있는 성당엔 표트르 1세부터 러시아의 마지막 황제 니콜라이 2세까지 러시아의 모든 차르가 안장돼 있다. 러시아에서 200여 년간 수도 역할을 한 상트페테르부르크가 1918년 소련 정부에 의해 수도를 모스크바에 내준 후, 요새는 역사 박물관으로 바뀐다.

가장 칭송받는 황제의 조국 방어 계획

17세기까지 유럽의 변방이었던 러시아는 스웨덴과 발트해 연안 지방의 지배권을 놓고 벌인 북방전쟁에서 승리하면서 강대국으로 올라선다. 당시 스웨덴은 유럽의 주요 국가들이 종교개혁과 30년 전쟁으로 내홍을 겪는 동안 강력한 중앙집권체제를 이룩해 최강국으로 부상했다. 반면에 러시아는 뒤처진 형국이었다.

러시아는 1700년 스웨덴과의 나르바전투에서 완패하지만 1709년 폴타바전투에서 승리해 주도권을 잡는다. 이후 1714년 항코반도에서 스웨덴 함대를 격파하면서 발트해의 제해권(평시나 전시를 막론하고 무력으로 바다를 지배해 군사·통상·항해 따위에 관해 해상에서 가지는 권력)을 장악하고야 만다.

그 후 1718년 카를 12세Karl XII, 1682~1718가 노르웨이의 할렌에서 유탄에 맞아 전사한다. 왕을 잃고 전의를 상실한 스웨덴이 1721년 핀란드에서 러시아와 뉘스타드조약을 체결한 뒤 전쟁은 종결되었다. 스웨덴은 17세기에 획득한 발트해의 영토를 대부분 상실했으며, 이는 대부분 러시아의 차지가 된다.

러시아를 승리로 이끈 주역은 로마노프왕조의 제4대 차르인 표트르 1세다. 그는 1721년 10월 북방전쟁 승리 후 원로원이 러시아 황제로 추대해 '표트르 대제'라고 불리게 되는 인물로, 오늘날까지 러시아에서 매우 칭송받는 황제 가운데 한 명이다. 차르는 북방전쟁 초기에 스웨덴에서 옛 노브고로드공화국의 춥고 황량한 늪지대인 네바Neva(핀란드어로 '늪'이라는 뜻) 강변을 빼앗았다.

1717년 프랑스 화가 장 마르크 나티에가 그린 **표트르 1세의 초상화.**

습지였기 때문에 사람이 거의 살지 않는 버려진 땅이었던 이곳에, 1703년 5월 16일(당시 율리우스력을 사용했던 러시아식 날짜로, 현재의 날짜로는 5월 27일) 스웨덴의 침입을 막고 유럽을 향한 전초기지로 페트로파블롭스크 요새를 건설하면서 도시가 형성된다. 그해 가을 나무와 흙으로 요새를 축성했는데, 이때 120개가 넘는 대포를 세웠다.

정작 전투엔 쓰이지 못한 무용지물

도시 건설엔 농노와 스웨덴 전쟁포로 수만 명이 동원되었다. 차르는 단 3일 만에 지은 간소한 오두막에 머물렀다. 9년간의 대역사 끝에 1712년 도시를 완공하면서 표트르 1세는 모스크바에서 이곳으로 수도를 옮긴다. 도시는 '성 베드로의 도시'라는 의미의 '상트페테르부르크'라고 명명되었다. '세인트saint'의 러시아식 발음인 '상트'는 라틴어로 '성자聖子'를, '페테르Peter'는 네덜란드어로 '베드로'를, '부르크burg'는 독일어로 '도시'를 뜻한다.

요새는 처음에 나무와 흙으로 지어졌지만 1705년 스웨덴군이 요새를 장악하려고 하자, 이를 저지한 후에 1706년부터 1740년까지 석조石造로 강화되었다. 이때 요새를 둘러싼 벽은 높이 12미터, 두께 2.5~4미터로 짓고, 성문 5개와 망루 6개를 추가로 설치한다. 하지만 북방전쟁이 끝날 때까지 스웨덴군이 상트페테르부르크에 한 번도 발을 딛지 못해 요새는 전투에 쓰이지 못했다.

요새의 중심에 솟아 있는 건축물은 예수의 제자인 베드로와 바울을 기념하는 페트로파블롭스크성당으로 1712년부터 1733년까지 건설된다. 첨탑의 높이는 122.5미터이고 꼭대기에 있는 황금빛 천사상의 무게는 550킬로그램에 달하며, 1780년 예카테리나 2세 시대에 요새는 화강암으로 덧씌워졌다.

대문호 도스토옙스키도 수감된 요새

실전에 쓰인 적이 없는 페트로파블롭스크 요새는 수비군의 주둔지가 됐으며, 1917년 러시아혁명이 일어나기 전까지 정치범을 수용하는 감옥으로 러시아에서 매우 두려운 교도소 가운데 하나라는 악명을 얻는다.

최초의 수감자는 표트르 1세의 개혁에 반대한 아들 알렉세이 페트로비치Aleksei Petrovich, 1690~1718였다. 1718년 3월 왕가의 권력 다툼 와중에 반역죄로 붙잡힌 알렉세이는 고문을 견디지 못해 숨지고, 성당 입구의 계단 아래 묻혀 이곳을 찾는 모든 사람이 밟고 지나가도록 했다. 이는 차르의 핏줄마저 반역하면 어떻게 되는지, 그 결과를 보여주는 상징적인 의미였다.

1825년 12월 여러 젊은 귀족과 청년 장교가 러시아의 전제정치와 농노제(농민이 봉건 지주에게 예속돼 지주의 땅을 경작하고 부역과 공납의 의무를 진 사회제도)에 항거해 봉기했다가 이곳에 갇힌다. 소설가 표도르 도스토옙스키Fyodor Dostoevskii, 1821 ~1881와 막심 고리키Maksim Gor'kii,

1872년 바실리 페로프가 그린 표도르 도스토옙스키의 초상화.

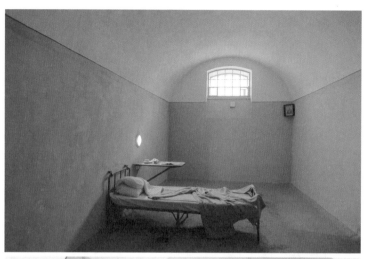

감옥으로 쓰인 페트로파블롭스크 요새의 내부. 당시의 모습을 그대로 재현해놓았다.

1868~1936, 사상가 니콜라이 체르니솁스키Nikolai Chernyshevsky, 1828~1889, 혁명가 레온 트로츠키Leon Trotsky, 1879~1940와 레닌의 형인 알렉산드르 울리야노프Alexandr Ulianov, 1866~1887, 그리고 유고슬라비아의 지도자 요시프 티토Josip Tito, 1892~1980 등이 이곳에 수감되었다.

도스토옙스키는 1849년 12월 24일 시베리아로 유형가기 전 8개월간 페트로파블로프스크 요새에 수감된다. 가까스로 형기를 마치고 풀려난 그는 1859년 말 상트페테르부르크로 돌아와 『죄와 벌』, 『백치』, 『악령』 등 불후의 작품을 펴냈다. 반란죄로 이곳에서 20년을 복역하면서 니콜라이 체르니솁스키는 정치사상서 『무엇을 할 것인가』를 집필하기도 한다.

1917년 러시아 2월혁명 당시 파블롭스키 연대의 반란군 병사들이 이곳을 공격해 감옥에 있던 포로들이 풀려나게 된다. 그해 10월혁명이 일어난 후 요새는 분노한 대중들에게서 황제 측근들을 보호하기 위해 감옥이 아닌 본래 방어의 목적으로 사용했다가 결국엔 볼셰비키Bolsheviki(구소련 공산당의 별칭)가 점령한다. 그 후 볼셰비키 정부는 1920년대 초까지 요새를 다시 감옥으로 사용했다. 황제가 머무는 겨울궁전을 향해 1917년 혁명의 포성을 울린 오로라 순양함은 지금도 네바 강변에 정박해 있다.

소련 정부는 1924년 요새를 박물관으로 개조했다. 이곳은 제2차 세계대전 중에 일어난 독소전쟁 때 도시를 포위하고 있던 독일군의 공중전 부대인 루프트바페의 폭격으로 큰 피해를 입었다가 전후에 복구된다. 상트페테르부르크는 '도시의 날'인 매년 5월 27일에 도시가 탄생한 요새를 중심으로 기념행사를 열고 있다. 전쟁은 끝났지만 페트로파블롭스크 요새는 오늘도 유유히 흐르는 네바 강변을 지키고 있다.

건축은
어떻게
전쟁을
기억하는가
ⓒ 이상미, 2021

초판 1쇄 2021년 7월 5일 펴냄
초판 2쇄 2022년 10월 10일 펴냄

지은이 | 이상미
펴낸이 | 강준우
기획·편집 | 박상문, 김슬기
디자인 | 최진영
마케팅 | 이태준
관리 | 최수향
인쇄·제본 | ㈜삼신문화

펴낸곳 | 인물과사상사
출판등록 | 제17-204호 1998년 3월 11일

주소 | (04037) 서울시 마포구 양화로7길 6-16 서교제일빌딩 3층
전화 | 02-325-6364
팩스 | 02-474-1413

www.inmul.co.kr | insa@inmul.co.kr

ISBN 978-89-5906-610-0 03900

값 17,000원